古代歷史文化研究輯刊

九 編

王 明 蓀 主編

第22冊

中國民國服裝史（上）

徐 華 龍 著

國家圖書館出版品預行編目資料

中國民國服裝史（上）／徐華龍 著 -- 初版 -- 新北市：花木
蘭文化出版社，2013〔民 102〕
目 2+210 面；19×26 公分
（古代歷史文化研究輯刊 九編：第 22 冊）
ISBN：978-986-322-203-3（精裝）
1. 服裝 2. 服飾 3. 民國史
618 102002681

古代歷史文化研究輯刊
九 編 第二二冊 ISBN：978-986-322-203-3

中國民國服裝史（上）

作 者 徐華龍
主 編 王明蓀
總 編 輯 杜潔祥
出 版 花木蘭文化出版社
發 行 所 花木蘭文化出版社
發 行 人 高小娟
聯絡地址 235 新北市中和區中安街七二號十三樓
　　　　 電話：02-2923-1455／傳真：02-2923-1452
網 址 http://www.huamulan.tw 信箱 sut81518@gmail.com
印 刷 普羅文化出版廣告事業
初 版 2013 年 3 月
定 價 九編 27 冊（精裝）新台幣 45,000 元

中國民國服裝史(上)

徐華龍　著

作者簡介

徐華龍，1948 年生，復旦大學研究生畢業。筆名有文彥生、曉園客、林新乃等，上海文藝出版社編審。上海非物質文化遺產保護中心評審專家、上海大學碩士生導師、上海筷箸文化促進會副會長、（日本）世界鬼學會會員等。

學術著作：《國風與民俗研究》（中國民間文藝出版社 1986 年）、《中國歌謠心理學》（新疆人民出版社 1990 年）、《中國神話文化》（遼寧人民出版社 1993 年）、《中國鬼文化》（上海文藝出版社 1991 年）、《泛民俗學》（黑龍江人民出版社 2003 年）、《鬼學》（北嶽文藝出版社 2009 年）、《上海服裝文化史》（東方出版中心 2001 年）、《非物質文化遺產與民俗》（杭州出版社 2012 年）、《山與山神》（與人合作）、《黃浦江畔的旅遊與民俗》（與人合作）等。

主編著作：《鬼學全書》、《中國鬼文化大辭典》、《上海風俗》等。

編選著作：《中國民間風俗傳說》、《中國鬼話》、《新民間故事》、《中國鬼故事》、《中國名將傳說》、《西方鬼話》等二十餘種。

提　　要

辛亥革命是從帝制走向共和的新興力量，它以勢不可擋的氣勢改變了中國社會及其組織結構，給中國社會帶來新的活力，同時也對中華民族的文化產生巨大的影響，而服裝的變革就是這種影響下的自然產物。這種新的服裝文化打破了長期以來所形成的封建主義等級制度，從而為新的中華民族服裝的發展奠定了堅實的基礎。

目

次

辛亥革命開創中國服裝的新紀元（代序）

　　辛亥革命是推翻帝制的運動，完全不同於過去的一個封建王朝推翻一個封建王朝的革命，因此從根本上改變了中國社會的性質，從封建走向共和，從專制走向民主，給中國社會起到了翻天覆地的變化。

　　同樣，辛亥革命也對中國服裝的嬗變，也起到根本性的作用，從而掀開中國服裝發展新的一頁。不過，在此之前，中國服裝已經有了一些變化。

　　舉成都為例，晚清時期其服裝亦改變甚巨。有人說：「近來成都講究穿著，女衣則尚簡便，不似上年之華麗寬大。男衣則尚窄小，多用蘇洋各料者，皮衣則年貴一年。凡省城之做現成之新女衣，多在暑襪街及總府街、新街、科甲巷四處售。做現成之男衣服，多在總府街、鼓樓南街及會府售。如出當之舊衣，及公館內變售之衣服，均在會府及鼓樓南街售，然須防一種改消子。改消子者，言改作之衣裳也。凡改作者，其褊子揉之有聲。惟買衣服時，其衣鋪之店多招呼買主，爭拉可厭，亦可笑耳。」〔註1〕

　　1923年湖南《慈利縣志》記載：「辛亥革命，男去辮髮，女弛裹足（惟鑿耳惡習今尚沿，未盡革），誠咄咄二大快事。然美猶有恨，內爭踵接，議禮未遑，文武禮服，冠用氈也，履用革也，短服用呢也，完全歐式。」〔註2〕

　　可見，辛亥革命推動了服裝的變革，改變了人們的穿著觀念與習慣，同時也為新的服裝文化的發展創造了新的空間。

〔註1〕　《成都通覽》下第70頁，巴蜀書社1987年版。
〔註2〕　《中國地方志民俗資料彙編・華東卷》下第670頁，書目文獻出版社1995年版。

一、打破等級觀念

在清代，對於服裝有很嚴格的規定，就衣服而言，有公服和私服之分，任何人都不能越雷池於半步，當官的有當官的服裝，老百姓有老百姓的服裝，這兩者之間是有區別的，特別是當官的服裝，不僅僅用來裹住身體，同時還是其身份的標誌。

因此，老百姓不允許亂穿衣服，他們的穿戴受到嚴格的限制。

葉夢珠《閱世編》卷八《冠服》：「於是命服始有定式，莫敢僭越，然而便服裘帽，惟取華麗，或倡優而僭擬帝后，或吏僕而上同職官，貴賤混淆，上下無別。始康熙九、十年間，復申明服飾之禁，命服悉照前式：貂、裘、猞猁猻，非親王大臣不得服；天馬、狐裘、裝花緞，非職官不得服；貂帽、貂領、素花緞，非士子不得服；花素綾綢紗及染色鼠狐帽，非良家不得服；所不禁者，獺皮、黃鼠皮，素綢羅絹及蠶綢葛布、三梭細布而已。其官職及舉、貢、監生、生員之父，除公服而外具得並從子服。職官及舉、貢、監生、生員之子，除公服而外，具得並從父服。禁令初頒，一時翕然徹畏，恪守凜遵；但舊服尚存，新不及製，好事之徒，或挾仇舉首，或藉端索詐，或恣肆搶奪，獄訟紛起，京師尤甚，當事患之，不逾年而遂弛其禁。於是服飾之華麗，又復惟力是視。」〔註3〕

從這段文字，可以知道：1、官服的定式在清代是有嚴格規定，不可僭越，然而便服帽子的規定就不那麼清晰，出現「貴賤混淆，上下無別」的現象。2、到了康熙年間，再次重申各種官服穿戴的規矩，這種嚴禁的法令一經頒佈，人們「翕然徹畏，恪守凜遵」，可見其禁令之嚴厲。3、不久之後，這種規定稍弛，民間的穿著頂戴就又開始慢慢變化，人們更注重服裝的美觀，並且以各自的經濟實力來體現衣服的華美。

不過，整體而言，等級觀念的服裝制度是封建社會的基本規則。封建社會將人劃為三九六等，是其統治的需要，只有這樣才能體現最高統治者的權威，才能反映人與人之間的差別。服裝是反映這種差別的最直接的最直觀的符號，因此就不難看出服裝等級制度的根本之所在了。

舉例而言，清末的帽子，有官帽、便帽、小帽之別，也是有等級觀念的反應。

清末的官帽，民間稱之為大帽子。大帽子有兩種：一種稱之為暖帽，一

〔註 3〕 葉夢珠《閱世編》，上海古籍出版社 1981 年。

種稱之爲涼帽。暖帽是冬天以致春天戴的，涼帽是夏天以致秋天戴的。在暖帽換戴涼帽，或涼帽換戴暖帽的時候，官家頒佈一個日期，無論官民人等，一律遵守。這個名稱，謂之「換季」。暖帽有種種，跟了天氣時令而更換。帽檐是黑色的，中間是一個紅帽緯。暖帽的帽檐，有緞子的，有呢的，有珠呢的（冬初時用），有皮的，皮之中有貂的，則爲品級已高之官員可用。皮的暖帽，其用最廣，因爲一個冬天，以及新春，都是戴皮帽子的。

大帽子上，最高部分，就是一顆頂珠。（俗稱頂子者，非是）。最貴的是紅頂珠，其次是藍頂珠，（藍有明藍，暗藍之分）。再其次是水晶珠，再其次是白石頂珠，再其次是金頂珠，最下屬沒有頂珠。沒有頂珠，便是沒有品級，所謂「未入流」便是。文官如此分等級，武官也是如此。

而普通老百姓則沒有當官的帽子的裝飾。僕人無頂戴，夏日戴涼篷，亦用紅色羽纓。緯帽，是清代作爲禮帽的紅纓帽，在夏秋季即以緯帽爲之。《兒女英雄傳》第三四回：「這幾天要換了季還好，再不換季，一隻手挎著個筐子，腦袋上可扛著頂緯帽，怪齷齪兒的，叫人家大爺臉上怎麼拉得下來呢？」有時候，緯帽上有用白色或湖色熟羅爲胎者，亦有用黃花紗胎及用竹絲卍紋胎者，隨時令而定。

在清代的衣服制度上，即風帽也有階級，非一二品大員，不能戴大紅風帽，若士庶們，只能戴藍色風帽，到後來也都不拘了。老太太們以及和尚尼姑，也都有戴風帽的，大概是黑色。

帽子同樣講究顏色的等級。清末，冠禮稱爲大帽子，那麼便冠就稱爲小帽子了。小帽子在春冬兩季所戴的，以緞爲之，在夏秋兩季所戴的，以紗爲之。小帽子一般爲黑色，惟夾裏大概是用紅布，紗製的用單層，或裏面以竹絲爲胎。倘然在服喪期內，小帽子以黑布爲之，夾裏亦是藍青色。小帽子上有一結子，普通都是紅色絲織的，若有三年之喪的，戴白結子，期功之喪戴藍結子。官場中人，雖在重喪中，往往不戴白結子，而戴一黑結子，因爲從前官場中，忌見白色孝服，謂爲不吉。（官場中最怕丁憂）。

在男子的官服中，在古代是紗帽圓領。在清代的也隨時令而改變的。禮服的領子，稱之爲硬領，春秋之際，用深湖色或者月白色之緞爲之。到了冬天，或用絨，或用皮，有喪的人，則用黑色。此外，還有一種披肩，文武大小官員，穿大禮服的時候所要用的。〔註4〕

〔註4〕 屠詩聘《上海市場大觀》下第 22～23 頁，中國圖書集志公司 1948 年版。

到了清末，這種嚴格的服裝等級制度遭到了破壞，人們不再一味地按照階級的等級來穿著衣服，而更將衣服看成是有錢人身份的象徵。過去是等級制度決定了人們的服裝打扮，到了辛亥革命前夕，這種局面被打破，人們開始用錢來表現自己的地位與身價了。

在清末小說《海上花列傳》裏就有這樣的描寫：

有一天，書玉坐著轎子在一品香出局回來，轎子走到大新街口，忽然迎面撞過一個客人，正在四馬路走過，轎子走得甚快，那客人也低著個頭直撞過來，恰恰的撞了一個照面，轎夫避讓不及，彼此一碰，把那客人仰面朝天的跌了一交。那客人在地下扒了起來，心中大怒，一把扭住了轎夫的衣服，喝道：「你走路不帶眼睛的麼？亂撞你娘的什麼？」轎夫見那客人衣服鮮麗，氣概出眾，卻也不敢得罪他，況且委實把他撞了一交，只得陪著笑面，說聲：「對不住，實在沒有看見。」那客人那裡肯放，要叫巡捕到來，把轎夫帶到捕房裏去。張書玉坐在轎中，一眼看見那客人的手上帶著三個金剛鑽戒指，晶寶奪目，光彩照人，身上穿著一身外國緞子的衣服，顏色配搭得甚是勻稱，更兼儀表軒昂，身材俊偉，生得倒還不俗。看了他這般氣派，曉得定是個有錢的闊客，便有心要籠絡著他，對他嫣然一笑道：「大少對勿住，總是轎夫勿好，碰仔耐一交筋頭，勿得知身浪向阿曾碰痛？」說罷星眸低漾，杏臉微紅，含羞帶笑的瞧了那客人一眼。這一個眼風，就把那客人的身體酥了半邊。動彈不得，本來是一腔怒氣不肯干休，被張書玉這樣一來，不知不覺的把心上的焦躁，一霎時銷化個乾乾淨淨，連忙放了轎夫，笑嘻嘻的答道：「不妨不妨，沒有什麼要緊。」那眼睛卻緊緊的釘著張書玉看個不住。張書玉見了，曉得他已經入觳，又微微一笑道：「晏歇點阿到倪搭去坐歇？倪來浪新清和第三家。」那客人聽了大喜道：「狠好狠好，停回兒我一定過去。」書玉笑道：「晏歇點要來格哩！」那客人連連答應，轎夫放開腳步徑自前行。臨走的時候，書玉還欠起身來回頭一笑，略略的朝他點點頭兒，一直回新清和去了。〔註5〕

在這裡，那個客人被描述成爲：「衣服鮮麗，氣概出眾」，「手上帶著三個金剛鑽戒指，晶寶奪目，光彩照人，身上穿著一身外國緞子的衣服，顏色配搭得

〔註 5〕《海上花列傳》第七十二回《章秋谷名花成眷屬張書玉陌上遇蕭郎》。

甚是勻稱」。張玉書本是個上海灘上非常知名的花界名流，當然見不得別人衝撞她的轎子，但是一見客人如此打扮，肯定知道其有來頭，便和顏悅色與其打招呼，這種態度的轉變，與其服裝的打扮有直接的關係。

清末的上海灘，已經不再是官服一統天下，而更多的是各種各樣的服裝得到了展示，當然也包括有錢人的服裝。

在全體國民剪辮的同時，也進行了服裝改良。過去用以維繫封建等級制度的衣冠之治，由於其制度本身被推翻，而其合法性不存在而被取締，這因為在《中華民國臨時約法》中明確規定：中華民國人民一律平等，無種族、階級、宗教之區別。這種打破封建等級制度的服裝做法，引起不少人的強烈共鳴。一本署名為《青年》的雜誌，刊載《男子去長衫女子去裙》文章，認為穿長衫的是「不是政客、官僚，就是騙子、闊少爺」。就像「男人的鬍鬚，要來有什麼用？何不就剃除呢」。〔註6〕

有個作家寫了一篇文章《洗澡》，他在澡堂裏，「我驀然記起有一位文人好像說過，在池子裏洗澡的人都是平等的，望望富人身上所有的，在窮人身上一件也沒有缺，但一到外面，一個套上紡綢褲，一個套上青布衫，於是階級馬上分明。」〔註7〕從衣服上可以看出他是屬於哪個階級的，其實在他們脫去衣服以後，人都是一樣的，這從另外一個方面否定了封建社會的服裝等級制度。

辛亥革命之後，即著手服裝改革，首先是從官員做起，以新禮服代替舊式官服。第一要義是在禮服中貫徹平等的原則，不分級別的高低，也不分地區和民族的差異，凡在國家任職的官員，概統一著裝，1912年5月袁世凱命令法制局：「博考中外服制，審擇本國材料，參酌人民習慣以及社會情形，從速擬定民國公服、便服制度……議定中西兩式。西式禮服以呢羽等材料為之，自大總統以至平民其式樣一律。中式禮服以絲緞等材料為之，藍色袍對襟褂，於彼此聽人自擇。」〔註8〕

經過有關部門的會商並反覆討論之後製定了《服制》，同年10月以政府公報的形式頒佈，將男女禮服的制度規定如下：

男子禮服分為兩種：大禮帽和常禮服。大禮服即西方的禮服，有晝晚之分。晝用大禮服，長與膝齊，袖與手脈平，前對襟，後下端開衩，用黑色長

〔註6〕《「去髮」問題》，《民國日報》1920年4月9日。
〔註7〕孤君《洗澡》，《心靈的驛站》第215頁，東方出版中心1997年版。
〔註8〕《袁世凱飭定民國服制》，《申報》1912年5月22日。

過膝的靴。晚禮服似西式的燕尾服，而後擺呈圓形。褲，用西式長褲。穿大禮服要戴高而平頂的有簷帽子，晚禮服可穿露出襪子的矮簡靴。常禮服兩種：一種為西式，其形制與大禮服類似，惟戴較低而有簷的圓頂帽；另一種為傳統的長袍馬褂，均黑色，料用絲、毛織品或棉、麻織品。女子禮服用長與膝齊的對襟長衫，有領，左右及後下端開衩，周身得加以錦繡。下身著裙，前後中幅平，左右打襉，上緣兩端用帶。〔註9〕

　　這些禮服都是學習西俗的緣故，最根本的是沒有等級的差異，打破了束縛中國人幾千年以來的服飾制度。辛亥革命與歷史上的封建社會的改朝換代具有最本質的不同，就在於這種社會的進步，完全可以在服裝的變化與發展上看得出來。

二、顛覆傳統意識

　　在服裝方面，中國人有許許多多的傳統意識，這些長期形成的思想觀念束縛人們的頭腦，也左右著人們的穿著方式。

　　清末男人袍衫，均窄袖長身，馬褂甚短小，鞋則均穿無臉者，鄉間為之謠曰：「束手無策袖子，提心弔膽馬褂兒，無艙面的鞋，掃地出門的袍子。」然不久民軍革命，清帝退位，此種謠言果然應驗，豈天默默示之以機歟！不然，何謠言之相應乃爾耶！時至今日，衣服由長身而變為短身，自窄袖而變為寬短之袖，褲腿亦短而寬。帽，則除大禮帽、常禮帽外，有所謂平頂冠者，以皮為之；有所謂牛鼻草帽者，以麥稈為之；有所謂土耳其帽、猴兒臉帽、來迴避帽，名雖有三，其實則以毛繩為之一帽業。鞋，則分夾、棉兩種。棉鞋夾有半截靴、三片扣兩種。夾鞋夾有以方口名者，以一向灣名者，然猶以無臉鞋者為多，而此前之淺口雙條臉福字履鞋，蓋鮮。襪，則除白布作常式外，有著各色洋襪者。〔註10〕

　　這段文字，將清末民初時期的服裝變化說得很清楚，既講了辛亥革命前後服裝的不同，也敘述出各種各樣的服飾形式，這種對於傳統服裝的顛覆，其實就是一種社會發展的結果。

　　早在19世紀末，剪辮易服的呼聲鵲起，有少數人帶頭穿起了洋服。當時在大連誕生了西服製作的第一個流派「哈派」，日俄戰爭後又出現了「日派」，但多為外國人服務。據《胡漢民自傳》一文介紹：1903年廣西梧州中學總教

〔註9〕　《政府公報》第157號，1912年10月。
〔註10〕　《中國地方志民俗資料》（華北卷），書目文獻出版社1989年。

習胡漢民「歲時令節，容許學生披洋衣揖孔孟」，表明當時青年穿洋服的人漸多。辛亥革命，清廷覆滅，男剪辮女放足後，曾掀起過一陣洋裝熱，連在偏遠小城湖南慈利，「文武禮服，冠用氈也，履用革也，短服用呢也，完全歐式」。女子亦間有剪髮洋裝者，北京的女學生甚至有了「赤胸露臂，短袖青衣，雲環高垂，皮鞋聳底」的摩登打扮。此後，雖有波折，但西服漸漸在中國流行，已成趨勢。〔註11〕

可以這樣說，辛亥革命不僅改變了中國的社會制度，也顛覆了傳統的衣著的觀念與意識。其表現在服裝的款式、顏色以及穿著的方式，但其有個發展演變的過程，並不是立竿見影地馬上出現的。早在辛丑（1901年）孟冬，女子穿多天棉衣，高領，右衽，衣短，齊臀。到了1915年，上海愛國女學生國文專修科生的照片：短衣，白色，高立領，下裙為黑色，長及鞋面。

白色的上衣，過去都是民間所忌諱的，辛亥革命之後，這種傳統的觀念被打破。同樣白鞋子也是穿不得的：「白鞋子，在從前還是有孝服的人穿的，自歐風漸進，凡在學校讀書的學生，以為夏天宜尚白色，而於足上每喜穿白帆布鞋，以為時髦。不獨男學生如此，女學生亦仿而行之，不獨學生如此，非學生亦多尤而傚之，而白帆布布鞋，遂極盛一時。」〔註12〕

白帆布鞋子的流行，首先是顏色禁忌的消除，人們不再害怕白色，而將白色作為一種色彩來看待，而不僅僅認為其帶有的主觀色彩。而西方則將白色作為吉祥、純潔的符號，中國人則認為它是不吉利的色彩。辛亥革命前後，人們的傳統觀念發生改變，吸收西方文化的元素，不再將白色作為一種象徵死亡的色彩，因此會在鞋子是利用這種顏色。其次帆布鞋的流行是一種新的服飾文化的流行，它改變了過去一直是皮革、布料製作的鞋子，而增加了一種新的鞋子製作的面料。可見，這兩種因素決定了當時白帆布鞋子會成為一種流行。

中國人傳統的服裝，一般都以黑、灰等暗色作為主要色調，到辛亥革命以後，這種格局基本被打破，形成各種各樣的服裝色彩。

《上海顏色問題》一文說：「上海人的穿著，對於顏色是很考究的。有些人喜歡濃豔的顏色，有些喜歡雅淡的顏色，各有各的特點，各有各的佳處。」

「上海的男人，穿紅色的衣服，可真是最少數，這因為紅色的顏色，太

〔註11〕嚴昌洪《中國近代社會風俗史》第92頁，浙江人民出版社1992年版。

〔註12〕《上海之聲色》，《新上海》第6期（1925年）。

是濃豔，穿了太覺武氣，並且也不能普遍，自從嗶嘰流行，灰色滿街都是。這種顏色，很文雅，又很樸素，可算是極的極合宜的顏色了。」

「淡色對於婦女，也不是絕對的不流行，也有許多女子，非常的喜歡淡色，女學生尤甚，最喜歡用白色和灰色。」

「女性的目光，自然和男性的不同。他們喜歡濃豔的顏色，喜歡複雜的顏色。他們最喜歡的一種新出的衣料，同樣顏色的，只有這麼一匹，那末他們一定很高興，以為沒有人和他穿同樣的，是極出風頭的事。」〔註13〕

這段文字，說明20年代上海人的穿著有了很大的變化。男人從流行穿著大紅色的衣服，到喜歡灰色的嗶嘰；女人的衣服色彩更是名目繁多，豔濃的、淡色、白色、灰色，尤其不喜歡與他人有同樣顏色的衣服，這種富有個性的審美眼光，反映了自由開放的文化性格。這是社會進步的表現，多樣性取代了單一性，個人的喜好取代了階級的等級觀念，是辛亥革命之後衣服顏色演變的結果。

也有人認為：「好多年前，紫色的衣服只有貴族們可穿，這並不是階級的區別，卻因著紫色的代價太貴，非貴族們購買不起的緣故。」〔註14〕這是一種關於紫顏色的禁忌。此說，對於民國初期有一定道理，但在封建社會裏，紫色就是一種身份的象徵。

我國封建社會時期，有一種「章服制度」，帝王和百官公卿所穿的衣服，底色和花紋都有一定的規定，作為區別身份等級的標誌。封建統治階級按照陰陽五行的說法，把青、赤、白、黑、黃當作「五方正色」，即東方青色，南方赤色，西方白色，北方黑色，中央黃色。黃色即代表中央，又代表大地，所以帝王的服裝就採用黃色。帝王以下的百官公卿，也要各按品級穿著規定顏色的官服。唐朝規定：三品官以上穿紫色衣服，四品、五品穿緋，六品、七品穿綠，八品、九品穿青，宋朝基本上承襲了唐朝的制度，凡衣紫色，緋色者皆有，但其作用不再是驗明身份，而是區別貴賤的符號性飾物。

到了辛亥革命以後，顏色更主要的為實用服務的。

比如襪子的顏色，就以黑色為主。

「襪之顏色甚多，只以上海地方，灰沙頗重，如穿各種顏色襪，在馬路上走了一回，就得罩上一重灰沙，殊不雅觀，於是經濟家改穿了黑襪。不料一般

〔註13〕《新上海》第1期（1925年5月1出版）。
〔註14〕《上海男子的觀察》，《新上海》第1期（1925年5月1出版）。

人乃以黑襪為出風頭，以致男男女女，老老少少，幾乎全穿黑襪了。」〔註15〕

除了顏色之外，新的布料的運用，以及穿戴的改變，也都是傳統觀念發生變化的結果。

福建《同安縣志》1929 年：「男女常服皆尚長，而今尚短；普通多以棉布為之，今則衣絲綢、呢絨、嗶嘰者日多，一套衣服可抵中人一家之產。帽，士人及商家多戴瓜皮貢緞帽，庶民則以布節纏首；今則夏涼笠，而秋呢帽（俗名『招瓢』）。履，昔多雙梁布鞋，鑲雲緞鞋惟士紳服之；今則以革履為雅觀，而且眼戴金邊鏡，手執鑲金杖，此風倡自學堂，謂此不足稱時髦也。」

這裡所說的呢絨、嗶嘰，瓜皮貢緞帽、秋呢帽、鑲雲緞鞋等等，無不打上外來文化的痕迹。

在福建等地，婦女也大多數改變傳統穿戴方式，而更多地向著現代流行文化靠攏。根據 1929 年《同安縣志》記載：過去「婦女出門，向多以帕冪首，闊袖，執紅漆杖，左宗棠曾稱為鄒魯遺風；今日潮流崇拜文明，禿襟窄袖，短裙，攜洋傘。今則並此而陋之，遂以短袖齊腰，絲襪革履，竟稱雅觀。」〔註16〕

這種顛覆服裝傳統是人們自覺的行為，而不是外來力量所導致的被強迫的改變過去的穿著軌迹，他們追求新的生活，勢必會將自己原來的服裝文化進行改造，使之成為一種新的文化自覺。

《上海男子的觀察》：「上海彷彿是一隻熔化人的洪爐，一切風俗習慣，便是這洪爐中的木柴煤炭，最熔化人的。但瞧無論那一省那一府那一縣的人，到了上海不須一年級會被上海的風俗習慣所熔化，化成了一個上海式的人，言與行二大條件，都變成了上海式，至於一衣一履之微，那更不用說了。說也奇怪，不但本國人容易上海化，連碧眼虯髯的外國人，也容易上海化，他們遠迢迢的到上海，不多時自會變成一個上海式的外人。」〔註17〕

20 年代上海已經成為中國服裝文化的領導者，世界最新的服裝潮流首先在上海登陸流行，最流行的服裝款式也是最早在上海街頭流行起來，因此上海的服裝成為人們心目裏的時尚之都。特別是他們到了上海之後，更是自覺地改變自己的服飾打扮，從而融入上海文化之中，就連外國人到了上海也能夠「上海化」，就在於上海的服裝文化具有超前性、包容性、世界性的結果。

〔註15〕《上海之聲色》，《新上海》第 6 期（1925 年）。
〔註16〕《中國地方志民俗資料彙編·華東卷》下第 1234 頁，書目文獻出版社 1995年版。
〔註17〕《新上海》第 1 期（1925 年 5 月 1 出版）。

　　辛亥革命之後服裝的顛覆傳統，還表現在開始放開衣服對身體的包裹，逐漸展示了身體的魅力。

　　《新上海》雜誌第 6 期（1925 年）上發表一篇《上海婦女之狡獪》的文章：「海上婦女凡夏秋的衣衫，幾乎把領兒完全廢掉，甚至漸染西方袒露之習，但是酥胸藏遮慣的，一旦袒露出來，覺得太不雅觀，所以異想天開，把淡黃的帛兒，緣著胸項間，且緣得很闊，遠遠的望去，似乎袒著，走近一瞧，那卻又不然。我於此未免要歎上海婦女的狡獪了。」

　　顯然，這種婦女衣衫，去掉領子，袒露胸部的做法是受到西方文化的影響，此文作者雖不是完全的一個衛道士，卻在口吻裏有一種澀澀的味道。所謂「似乎袒著，走近一瞧，那卻又不然」，恰恰是上海婦女服飾的一種現代文明。

　　這種上海流行的服飾對其他地方的女性來說，更加有吸引力。

　　范佩與《樣本的上海》：上海的時髦女子，發明了愛司髻雙鬢球橫愛司髻，內地的婦女，便爭著效尤了……上海二三年前，流行一種嗶嘰，內地的男女，穿嗶嘰衣裳的竟占大部分……上海人穿的鞋子流行了方口的，內地便也行了方口，上海改行尖頭，內地便連忙移轉篷舵，改造尖頭了。現在上海的鞋子，又變了圓頭，內地也受了影響，漸漸地效尤了。〔註 18〕

　　不光是內地婦女「效尤」上海，就連蘇州一帶的男性也對上海服裝興趣有加。

　　據鄭逸梅回憶，當年他與同學常常到火車站去觀察來往的旅客，從衣服打扮上就能夠判斷出哪個是上海的，哪個是南京的。

　　他的《上海車與南京車》一文就這樣回憶：「予嘗主校事於金閶，課餘之暇，常與同事徜徉馬路間。凡火車到站時，諸客出站而改乘馬車及人力車著，必由此經過，然所到南京車抑上海車，吾儕往往可不檢行車時刻表而即能審悉，蓋以客之服御而別也。服御樸率著，可決之為南京車客，其奢華者，可決之為上海車客，罕有爽失云。」〔註 19〕

　　由此可見上海服裝的魅力，其實，從本質上而言，上海服裝之所以受到喜好、效尤，是由於上海服裝代表了中國人服裝審美的方向，是中國服裝發展與前進的一種標杆。

〔註 18〕 《新上海》第 1 期（1925 年 5 月 1 出版）。
〔註 19〕 《新上海》第 3 期（1925 年）。

　　不過封建的傳統服飾等級制度被打破以後，人們從封建主義的服制束縛下解放出來之後，出現了無所適從的狀況，人們或出於好奇，或處於趨時，反正什麼服裝都拿來穿，以致出現了「中國人外國裝，外國人中國裝」，「男子裝飾像女，女子裝飾像男」，「平民模仿官僚，官僚穿起民服」，「妓女效女學生，女學生似妓女」的怪現象。在廣東，女子服裝「日變古怪」，「其始不過私娼蕩婦所為，繼則女學生亦紛紛效法」。在南京，「婦女衣服，好時髦者，每追蹤於上海，亦不問其式樣大半出於妓女之新花色也。男子衣服，或有模仿北京官僚，自稱闊老者；或有步塵俳優，務趨時髦者。」〔註20〕

　　這種亂穿衣的現狀風靡全國，成為中國服裝史上一個非常滑稽的現象，不過它是暫短的，辛亥革命之後，中國服裝的演變走上了正軌，出現一批又一批的新服裝文化的開拓者。

三、服裝文化實踐的先導者

　　辛亥革命，使得社會發生巨大的變化，服裝的變化隨之而來，如在福建等地就流行形式衣飾。據 1919 年《政和縣志》記載：「人民衣服，分土布、竹布、呢絨、綢緞等，唯士人率以韋布相先整冠服出，無以放縱而貽邊幅不修之誚者。」〔註21〕另據 1921 年《閩清縣志》記載：「衣制，男女服飾，布帛相間，履多絲屬，時易新式。首飾亦尚珠翠。」〔註22〕

　　這裡雖舉福建為例，基本反映了中國社會的狀況，說明人們已經自覺地改變服裝樣式，以求與社會的變革相吻合。

　　首先進行服裝革命的是婦女與年輕人，他們才是新時代服裝文化的先導者。

1、婦　女

　　在此之前，婦女沒有社會地位，她們的服裝主要是以實用性為主，沒有自己的個性，只是男性服裝的隨從；沒有主觀色彩，有的只是三綱五常說所規定的顏色，絲毫不能越雷池一步，否則遭到社會的揶揄與諷刺。

　　到了辛亥革命之後，婦女服裝發生巨大變化，她們不再一味看其他人的

〔註20〕嚴昌洪《中國近代社會風俗史》第 240～241 頁，浙江人民出版社 1992 年版。

〔註21〕《中國地方志民俗資料彙編·華東卷》下第 1262 頁，書目文獻出版社 1995 年版。

〔註22〕《中國地方志民俗資料彙編·華東卷》下第 1225 頁，書目文獻出版社 1995 年版。

臉色穿著，也不需要用男子的錢來打扮自己，因此她們的服裝款式與顏色越來越多，成為社會上服裝文化十分絢麗的畫面。

民國初年，婦女禮服的妝飾，最普通的是披風，和紅裙。披風就像男人的外套，也是吉服，則作天青色，而素服則作元青色，不得有異色。披風之內，襯以襖，那你喜歡用什麼顏色就用什麼顏色，沒有一定之規。披風如外套一般，可作對襟，長可及膝，有兩袖，極薄，以藍緞而繡以五彩或夾金線之花。未出嫁的女子，不得穿披風。到了晚清時期，太太們的披風上除了補服以外，還有平金的團花，以及水浪形的金邊，稱之為「水腳」。

紅裙也有各種各樣的花樣，大紅之裙，加以百褶，有的還裝以各種飄帶。有一時代，裙邊裝以無數小銀鈴，行一步就會發出丁令聲響。但此種裙大多數是年輕少婦為之。年老者雖然也穿紅裙，亦多素樸。但若其夫已死而寡居獨身的，且終身不得穿紅裙。老年人或穿黃裙，年輕者或穿紫裙。披風、紅裙，實不能算婦女的大禮服，只能算是常禮服，從前上等婦女穿大禮服，只有兩次，一次是出嫁，做新娘的時候，鳳冠霞帔；一次是入殮下棺材的時候，也是鳳冠霞帔，但沒有大衣方巾。

在帽、冠、鞋、裙等方面，不僅使用了西方的款式，也開始注意講究其是否符合現代科學的合理與衛生。

如《女子服裝的改良》（二）說：

> 「近年以來，我國中諸姑姊妹，不於教育上求智慧之發展，於經濟上樹獨立之根基，於社會上發揮本能，作種種有益人群之事業；乃獨於裝飾一道，則窮奢極侈，踵事增華，費有用之金錢，為奇異之裝束，亦何怪男子之視婦女為玩物哉？」

同樣在此文裏，作者又批評當時的婦女衣服：「時髦衣服，有短至一尺六七寸者，有大如男子之馬褂者。有緊束胸腹，使其受壓迫而不能發達者。吾謂女人之外衣，宜二尺二三寸——最長至二尺五寸——而寬則稱其身軀之大小，總以胸腹部不受束縛，能儘量發育為度。」

裙，作者認為，「裙不宜過大，長則裙邊曳地，既不美觀，又易染著污物，好裙長只宜齊踵，現出足背為佳。」

冠，作者還認為：「女子多不用冠，即用之亦多視作裝飾品，而於保溫遮熱之道，每漫不講求。今欲加以改良，當仿西洋婦女所用帽式，分夏冬二季，夏用草帽，冬用呢帽，務取質輕透氣為主。」

履，「天足解放，女子已屏舊時繡鞋不用，多數習用西式革履。然革履式樣，前半尖削瘦小，即後跟高過甚，殊礙足部血脈之流通。故當用吾國朝元鞋式，而足尖部更宜，使之寬大，方無害衛生焉。」

帽子：「凡西部稍長之人，宜用廣沿之冠，面如滿月者，宜戴無沿冠。短沿之冠，則平時戴之咸宜。蓋一經襯托，其人愈覺嫵媚，惟不可過緊之冠，妨其血脈運行於頭部。」

履：「近來婦女，喜穿西裝之履，竊以為非善舉。蓋西裝之履，其頭既銳，其底復窄，且後踵又過高。夫頭銳，則御之者足趾過於擠逼，致有生胝之弊，底窄則橫逼足部，有礙血脈流通；踵高，則足部重心力不能均平，趾部受壓過甚，三者皆非衛生之道。故歐西生理學家力勸人勿用此種履，至比之於中國之纏足非苛論也。」〔註23〕

在辛亥革命前後，城市裏追求時尚的婦女都是兩截穿衣的，材料也是洋貨，式樣大同小異。這時候真正的時裝，謂之「番裝」。那是完全的洋裝，只限於小孩的衣帽。婦女們雖然偶然也穿著一下，也僅在照相館裏的鏡頭前裝一「番妹」，穿在大街上走的很少。後來留日之風大盛，日本服裝也為一般時髦女子所醉心。當時流行的衣衫是即小又長，裙邊也無繡紋，其色尚玄，配上手錶，橢圓的藍色眼鏡，加上皮包、絹傘，最時髦不過的。

那時候的時裝，對於閨閣千金來說，影響很小，而在妓女中間卻很盛行，其形狀也各式各樣。有一時，在褲子的兩邊，做了插袋，插袋下面，又有排鬚縷絡，遠遠望去好像是老學究，腰間掛著眼鏡袋。一字襟坎肩，本是旗人的裝飾，民國以後，也曾經流行過一時，北里名花，更把一盞小電燈，綴在襟扣之上，預備乾電池於懷中，啟光時光彩四射，顧盼生姿，可謂匪夷所思。〔註24〕

這種敢為風氣之先的妓女，她們理所當然的是新潮服裝的穿著者。

有的時候她們還以穿著男性衣服為時髦之舉。

《上海六十年來花界史・妓院地點規則派別沿革・落蓬阿金事略》：「時韻閣一尖先生耳，無籍籍名，而是落蓬頭大健，服男裝，御淺色緞袍，乘三

〔註23〕《婦女雜誌》第7卷第9號（1921年）。

〔註24〕《上海六十年來花界史・傳略・琴寓事略》記載：前清中葉時方盛年，豔名已噪，光緒甲辰居迎春坊，榜名曰天香閣，名花寶寶……民國元年，張榜跑馬廳，易名琴寓。氣象崇閎，豪闊為北里之冠。曾御珠邊衣，衣之四緣綴以珠蝴蝶，燦爛奪目。

灣包車，為當時最時髦之流行。」（第75頁）

在上海，除了妓女是穿著新服裝（包括稀奇古怪的樣式）的先鋒之外，還有女學生也是如此。

除了上海之外，在其他很多地方，這種追求時尚、中西混搭的現象，比比皆是，特別是婦女尤其如此。

在廣西，1920年《桂平縣志》記載：「婦女衣飾，多仿粵東。三十年前，富者所誇，貧者所羨，輒曰：生綢衫，熟綢褲，實粵派也。光緒之末，始仿吳裝。民國中西雜糅，青春婦女咸短衣長裙，尚為善變，然當適可而止，不宜再更若今日上海婦女袖不及肘，褲不及膝。廣東婦女，裙不及脛，自謂文明，而不知為瑤僮僚俚之服，當禁使勿效也。」〔註25〕

這裡，可以看到，服裝是會變化的。在桂平縣，婦女的服裝也是隨著社會的發展不斷在變化，開始學習粵東，後又模仿吳地裝飾，特別是到了民國時期，又改變成為「中西雜糅」的服裝，更以上海為榜樣。

在貴縣同樣如此，據1935年《貴縣志》記載：「清代上戶婦女，衣袖及襟多尚鑲邊。光緒季年，此風漸殺，革履短裙，女服一變。民國十年後，去髻截髮，改御旗袍，女服又一變。」〔註26〕

到了節日時期，人們更是不惜重金來裝扮自己。當時有首《竹枝詞·女眷裝飾》是這樣這樣描寫上海婦女的：「時裝翻出不辭勞，畫黛還須揀細毫。口上胭脂腮上粉，紅菱上寸惹風騷。」〔註27〕

可見，婦女是中國服裝文化的倡導者與實踐者，是毫無異議的。

而婦女服裝的真正領導者是妓女。由於與人打交道、招待客人的緣故，她們往往會注意打扮自己，用最新的服裝款式和最新的布料，也因此成為時尚服裝的穿著者，這樣也影響到普通女性，她們跟著這種時尚潮流，勇敢地裝束起來，因此遭到衛道士的謾罵。

《上海閒話》的作者這樣謾罵道：「上海許多裝束時髦的漂亮女子，同戲臺上的花旦一樣，他們都是打扮好了給人家看的，他們都是以供人娛樂為職業的。有人說：『女子都是有形或無形的妓女。』這句話加在一般的婦女身上，

〔註25〕《中國地方志民俗資料彙編·中南卷》下第1054頁，書目文獻出版社1991年版。

〔註26〕《中國地方志民俗資料彙編·中南卷》下第1071頁，書目文獻出版社1991年版。

〔註27〕顧炳權《上海洋場竹枝詞》第402頁，上海書店出版社1996年版。

確是太過，唯有上海時髦女子，確可以實受這個頭銜而無愧色。」〔註28〕

另外，有篇文章《上海新觀察》也將這些穿著時髦的女性稱之為交際花：「上海婦女裝飾的創造和變遷，娼妓似乎有一部分絕大的扮力，還有一部大勢力，是操在所交際之花的手中，歷年來如旗袍、斗篷、大腳管垂襠的褲子、長裙、長半臂，各種最時髦的髮髻等等，全是兩類人提倡在先，於是旁的婦女們都依樣畫葫蘆了。最近如鏤花的高跟鞋又長又大的耳環，也自伊們的提倡，而風行一時，這是偏近歐風，模樣兒還不惡，但在歐美，人家就要當作是不正派的婦人，然而上海大家婦女，也大半如此打扮了。」

無論是將穿著時尚的女性比作妓女、交際花、反映的是一種對新興文化的鄙視與不安。

2、男　子

辛亥革命，男子穿著洋裝成為新的潮流，即使在小地方，也出現「文武禮服，冠用氈也，履用革也，短服用呢也，完全歐式」〔註29〕的裝扮。

在上海，更有非常極端的例子，即使沒有吃的米，也要把衣服穿得像個有錢人。上海有句俗話：身上綢披披，家裏沒有夜晚米。所以上海男人在外面穿綢著緞，而家裏窮得嗒嗒嘀的，著實不少。

還要的上海男人故意裝作外國人的樣子，有人認為：

上海的男子，因為穿西裝太多，對於外國人的習氣，也就沾染了不少。對人說話時，兩手插在褲袋裏，兩個腳尖兒，時時點起放下，作傾身向人之狀，手中弄著褲袋裏的銅元銀元銀角子，鏗鏗鏘鏘的響著，口中問答「是」時，不說「是」而是哼哼作聲，這都是外國脾氣，在下總覺得看不過，受不了。〔註30〕

這種對上海男子的批評，多少有點看不慣的樣子，其實這是一種巨大的中西文化差異所造成的。在一些人看來，中國人就應該像中國人，就應該穿著長衫馬褂，而不應該學外國人，西裝革履。事實上，這種批評只代表了某些人的看法，而沒有看到服裝是一種文化，是會發展的進步的，當然一味的模仿是不足取的，但是敢於打破傳統的人才是中國服裝文化的先行者。

〔註28〕《新上海》第 2 期（1925 年）。
〔註29〕民國《慈利縣志》卷 17《風俗》。
〔註30〕《上海男子的觀察》，《新上海》第 1 期（1925 年 5 月 1 出版）。

男子服裝，主要表現在兩個方面：

（1）中山裝

早在 1912 年孫中山就提出製定中國自己的禮服，並且親自設計新的服裝，隨著南京國民政府統治的鞏固，中山裝自然成爲國民政府的統一制服。

國民黨對於中山裝的推廣主要是採取從機關、學校開始，將中山裝塑造爲革命的、進步的、時尚的服裝，然後進一步向民眾傳輸，從而實現對人們身體的規訓。早在 1928 年 3 月，國民黨內政部就要求部員一律穿棉布中山裝；4 月，首都市政府「爲發揚精神起見」，規定職員「一律著中山裝」。1929 年 4 月，第二十二次國務會議議決《文官制服禮服條例》，規定「制服用中山裝」。就此，中山裝經國民政府明令公佈而成爲法定的制服。〔註31〕

中山裝是中國現代服裝的樣板，它體現的中華民族的特質，同時也融入外來文化的要素，給中國服裝的發展提供了可以借鑒的一條道路。

（2）西　裝

西裝是男子比較喜歡穿著的服裝，特別是在辛亥革命之後，其流行的程度更加廣泛。

在上海的知識界中，穿西裝已經是很普通平常的事情了，非常受歡迎。「洋服似將成爲世界普通之裝束。各種族各階級之人民，均用洋服。君當知輿論以爲不著洋裝，即不文明。」那時候在上海，不但有人大膽地穿上了西式男子服裝，同時有人大膽地戴上了巴拿馬禮帽。那時候，一頂正牌巴拿馬禮帽售價是大洋 18 元。買不起的，只好買仿製品，售價僅爲 4 元。看來，上海服裝能夠在大陸領風氣之先長達數十年，是有其歷史淵源的。〔註32〕

當時上海穿著西裝的人，使得很多其他省份來的人都很驚訝。

《我之上海談》的作者在開場白中，首先表白自己不是上海人，而是「北地人」：「上海服裝，最是考究，女人的不必說，就是男子也都爭奇鬥勝。」「穿西裝是人比別處多，有的是和外人接觸，沾染歐化……我曾在電車中，看見個穿簇新西裝的漂亮青年，手拿西籍，目不轉睛。他的衣著，很能表示出勤學的態度，身旁有一個西人，用英語向他問路。一連幾句，他老是不響；問得越多，他越是發燒，面紅耳赤。」「上海人之穿西裝者，大半是少年，但少

〔註31〕陳蘊茜《身體政治：國家權利與民國中山裝的流行》，《學術月刊》2007 年第 9 期。
〔註32〕吳國英《1918 年的上海社會風情》，《炎黃春秋》2005 年第 3 期。

年之穿西裝者，並不是個個都是能講外國話，會寫外國字的。」〔註33〕

不僅普通人穿著西裝，就連警察也改成用西裝。上海《竹枝詞》對此有描述：清末警察：「短衫窄褲換西裝，充捕居然意氣昂。寄語途人須檢束，因風柳絮最癲狂。」〔註34〕

而在此之前，警察的服裝還是：夏天頭戴瓜皮小緞帽，頂上用紅線結一大結，身穿青竹布長衫；冬天戴金邊氈帽，大紅結，在灰色布袍外面罩一件外國大衣，手中持一把洋傘。

後來變了幾變：一變為身穿對襟號衣，無領，左襟綴以號數，袖展二尺餘，如舊式馬褂，又如綠營戰褂，鞋襪褲子隨意穿著，紅黃藍白黑，五色懼全，四季相同，差別只在冬天帽子用滿式紅纓大帽，夏天用紅纓藤胎帽。

後又變成三色纓代替紅纓，作為法式的標誌，去掉雜色褲為天青色羽毛褲以與上衣一色，袖子蠻窄，足穿皮鞋，手中改持檀木短棍，雨天外穿油布大披，用上警燈、警笛，袖章類似現代的服怖。〔註35〕

總之，從警察服裝的演變中，可以知道，中國服裝的現代化進程是非常迅速的，老百姓的服裝更呈現出多姿多彩的文化色彩。

由此可見，正在成為社會普遍穿著的一種日常服裝，完全改變了中裝一統天下的局面。

四、禁止與爭論

一個民族的服裝的改變，往往會受到各種各樣的社會輿論的責難。

在當時很多普通老百姓的眼裏，「穿西裝即假洋鬼子」，並將他們視為「獅頭驢足」之流，成為一種非常普遍的看法，即使是上海知識界也竭力反對女子穿西裝和燙髮。「男子尚無害，吾國婦人中，在衣服上有較此尤劣者，有人不特效法外人之裝束，且又效外人之整髮，其形狀實屬可哂。」男子可以穿西裝理西髮（分頭），女子卻不可以穿西裝理西髮（燙頭），這種心理是不是大男子主義在作怪呢？或是明為維新，實則守舊？或者是半新半舊兼而有之呢？〔註36〕

而面對越來越多的中國人穿著洋服，使得一些人怒不可遏，他們無法阻

〔註33〕 《新上海》第 7 期（1925 年）。

〔註34〕 顧炳權《上海洋場竹枝詞》第 76 頁，上海書店出版社 1996 年版。

〔註35〕 胡祥翰《上海小志》卷二，上海古籍出版社 1998 年。

〔註36〕 吳國英《1918 年的上海社會風情》，《炎黃春秋》2005 年第 3 期。

止人們的穿著，但是可以用謾罵來攻擊這種現象，有時候還對這些穿洋服的人動粗，表現了對外來文化的刻骨仇恨。這種情況，在汪穰卿的筆下就有記載：

> 居租界者衣服詭異，既無人足以禁阻之，而不意轉蒙斥於賤豎。聞凡洋服者乘車必須增值，否則不應。其餘購買物品亦多如此。余嘗行過法界之三茅閣橋，有小兒數人噪走之曰：「打假洋人，打假洋人。」蓋適洋服者過，小兒輩怪之而逐之也。又一日薄暮，有一洋服者過四馬路，見路旁妓，輒出手批其頰。路人群詬之，曰：「此種人不知自命何等，著外國衣服輒肆橫於路。」海上小報遇此等人輒目爲「獅頭驢足」之流，蓋謂其剪髮如獅頭，足著黑襪若驢足也，亦可謂戲謔矣。〔註37〕

從這些記載裏，可以看出當時有的上海人對於洋服還是很不理解的，就連妓女都可以批打穿著洋服的人，還振振有詞地說「此種人不知自命何等，著外國衣服輒肆橫於路」。由此可見，人們對洋服的態度何等之憤恨。不僅如此，還稱穿洋服者爲「獅頭驢足」之流，其原因是他們的頭上不再纏有辮子，而開始剪髮，腳上穿著黑色的襪子，故謂。其實，這種完全是侮辱性的稱呼，表現的是一種仇視外來文化的情緒。

針對這種新的社會現象，各種批評、爭辯不絕於耳，當時有家報紙《晨鐘報》開闢「讀者暢言」專欄，就社會上流行的各種觀點展開辯論，這是瞭解當時人們對於服裝文化的心態提供了真實的資料。有人對此作了研究，並且撰寫了文章，提出自己的觀點：

> 社會轉型時期，西方事物大量湧入中國，尤其是衣食住行等深刻影響市民日常生活的方方面面，對此，欄目組傳統道德意識到基礎上提倡整飭社會風氣，尊崇社會公德。對喜著奇裝異服招搖過市的女子持批判態度：「警廳通告，凡婦女及妓女不得奇裝異服，招搖過市，好作冶裝惑人之女子腦中必受一擊。」（劫時《大鳴小鳴》，《晨鐘報》1918 年 8 月 24 日第 5 版）論者對國人爭相效尤西方衣著事物等皮毛忽然學習西方富強精神的現象尤爲痛心，認爲「世風日下，道德毫無，國人好服西裝，吸香煙，架眼鏡，執手杖，甚至婦人女子互相效尤，奇裝怪服，以爲美觀，毫不知恥，不學人之精神，使國家

〔註37〕　《汪穰卿筆記》第 84 頁，上海書店出版社 1997 年。

富強，乃學人之毛皮，使世風益壞，可痛」。〔註38〕

有人對學生穿著新式服裝款式更是破口大罵，並將她們與妓女視為同類：「夫上海為妓女薈萃之地，服裝之奇麗久為社會所公認，今以文明之女學生而亦尤而傚之。試問，迷離撲朔，又孰能辨其是為女生，是為妓女哉。誠以今之妓女一衣一履輒作學生之裝束，摹效惟恐不屑，乃為女生者不急思趨避，反崇尚侈靡，從而為之倡導，是亦不可以已乎。一女生之人，學也。其寄宿者，學膳費年達百金以外，復加種種無謂之靡費，富者或猶可勉為支持。」〔註39〕

類似這樣的謾罵與責難，在當時的報刊雜誌上不可謂不多，反映的是人們新舊觀念的大衝撞。

畢竟，社會正處於轉型期間，傳統的力量非常強大，政府也不得不做出相關的禁令。特別是在辛亥革命——從封建轉變成為共和制度的前後，這種禁止與爭論的現象更是屢見不鮮。

1920 年上海政府發布告示，禁止著奇裝異服，政府曾經發過布告，違反者要受到法辦：「故意奇裝異服以致袒臂、露脛者，准其立即逮案，照章懲辦。」按照此公告，婦女只要穿著袒露手臂、小腿的服裝就可能被逮捕。這是非常嚴厲的禁止穿著奇裝異服的法令。

同樣，北京警察廳發出通告說：

> 查近來衣服式樣竟為奇異，幾於不中不西。而婦女衣服日趨緊小，亦殊失大家風範，此等服式即在燕居私第猶屬不莊，若於公共集合場所服之流行，實於風俗觀瞻兩有妨害，本廳有維持風化之責，為此示仰一體知悉，嗣後各宜自重，不得故作奇異服裝致干例禁，各該家長亦宜隨時告誠，默化潛移，俾服妖永禁，風化日端。〔註40〕

1912 年 10 月，參議院通過《服制案》，規定男於的禮服原料採用國產的絲、麻棉織品。儘管這動議未必收到如期的效果，但卻是順應服裝改革，儘量減少進口所能盡到的最大努力。

在社交界活躍的電影明星、貴夫人、名嫒往往是新式時裝的帶頭人，她們的穿著打扮經常受到女學生的仿傚。在民國初期能進現代學校受教育的多

〔註38〕 李曉蘭《「大鳴小鳴」：〈晨鐘報〉的讀者暢言專欄》，《城市發展——科學精神與人文精神》第 91～92 頁，上海人民出版社 2010 年版。
〔註39〕 張朱翰芬《論上海女學生之裝束》，《婦女時報》第 17 號（1915 年 10 月）。
〔註40〕 《警界維持風化》，《申報》1917 年 8 月 19 日。

是富裕人家的子女，有一定的經濟條件購買時裝，追求時髦一度成爲女學生的時尚。《大公報》以《粵女學生之怪裝》發表評論說她們「穿著猩紅襪褲，腳高不掩脛，後拖尾辮，招搖過市」。爲此廣東省教育部門發出通令，整頓女學生的著裝：

> 粵教育司昨支出布告云：自上半年教育部頒行學校制服規程，專校多能切實遵行，漸著整齊之教。惟近來青一種女子挑撻，民林猩紅、褲不掩脛，此在無知識者爲之尚不足責，不謂人格尊貴之女學生身佩襟章亦有尤而傚之者，殊非自重之道，本司爲維持學風，扶植女界起見，爲此特申告誡。……此後除中學以上女生必須著裙外，其小學女生凡 14 歲以上已屆中學年齡者亦一律著裙，裙用黑色，絲織布製均無不可，總須貧富能辦，全堂一致以肅容止。〔註41〕

不光是政府、教育部門，就連一些社會團體也會做出抵制穿著西式服裝等強行規定。

　　1925 年發生五卅慘案，有關組織下令，不准穿西裝，用外國貨，表現了一種狹猛的愛國情緒。

　　五月三十日慘案以後，上海成立了愛國會，提出會員遵守的章程，一共十二條，其中有規定：外國的草帽不戴，以後改用臺灣草帽。外國的嗶嘰衣料一律不穿，以後男子改穿羽毛，女子改穿印度綢，至多令則改用鏡面呢或閃光緞。以後西裝不穿，但草帽皮鞋等，不妨仍沿習慣穿戴。

　　在這些規定裏，雖然不是完全禁止外國服裝和外國貨的通行，但卻有條件地限制了外國服裝的穿著。這種被認爲並沒有採取非常極端過分的一刀切的辦法，卻在客觀上限制了外來衣服的穿著。比如，「草帽皮鞋」，這些都是外來的穿戴文化，但是規定並沒有完全禁止，而是採取「仍沿習慣」的穿戴方法。這種方法既教訓了殺我同胞的外國人，同時也認可了當時上海所流行的西裝革履的外來文化的存在。〔註42〕

　　據日本東洋文庫保存下來的一份清黨文件中記載，由於清黨運動的擴大化，在廣州一次清黨行動中，軍警將凡是穿西裝、中山裝和學生服的，以及頭髮向後梳的，統統予以逮捕。1933 年 1 月，日軍攻入山海關城後，「大肆搜捕，凡著中山裝者殺，著軍服者殺，寫反日標語者殺……」在日本全面侵入

〔註41〕《劃一女校服式》，《申報》1913 年。
〔註42〕《新上海》第 4 期（1925 年）。

華北後依舊如此,凡遇到青年男子穿中山裝、學生裝者即予殺死。〔註43〕

當時,這種社會爭論的焦點有幾個:

(1) 好看與遮體

江南地區,喜歡穿著好看的衣服,為了達到這樣的目的,不惜花大價錢,有時還會達到奢華的程度。

《婦女雜誌》第 2 卷第 1 號發表《吳江風俗記》:「男女冠飾日趨於奢,前此家常多用土布,作客亦不過粗綢,最華美者,湖綢極矣,近則日益麗都。綺羅錦繡,相習成風,花緞線春之屬,視為普通服飾,間有被外國綢緞,不惜巨價以投時尚者。」

有人反對這樣的做法,認為「衣服以適體為主,太寬太緊,俱非所宜。蓋寬則長衣服大袖,易受外來之風寒,需料既多,所費自大。緊則束縛筋骨,有礙血液之流行,而易於破裂,亦非節約之道。在女子則有礙雅觀,尤當力戒。」〔註44〕

還有人認為,「服裝為章身之具,亦所以護體者也。是以吾人之服裝,必對於美觀上衛生上均無牴觸,方稱完美。近世女子,日趨奢侈,其服裝偏重於華麗詭異之途,於儀容衛生諸方面殊不顧及,至為可歎。丁茲解放時代,正宜剪除惡劣習慣,改適當服裝,以暴高尚之人格。」〔註45〕

很明顯,有一部分人是反對衣服只是為了好看的觀點。

更有甚者的是,有人將矛頭指向女性,認為她們由於愛穿華美的服裝,使用外國貨,因此國產的土布無人問津。秦芬蓉《女界之裝飾與國家經濟談》:「我女界之黑暗無光,我女界之喜作華麗裝飾,使我思之傷心……今者外貨盛行於我國,而以女界中衣者為最甚,每歲計之不下數千百萬,此則利權外溢,經濟匱乏,毋怪中國之欲貧也。我衣者土布,用者華貨,無人以我為非噫。」〔註46〕

愛美之心,人皆有之,為了追求美的衣服,人們不惜重金,購買洋貨,如果經濟條件允許的話,本無可責難,但是國貨因此受到嚴重衝擊,使人們擔憂民族工業的前途,特別是在所謂有些人對於新事物持有反對意見的人來

〔註43〕陳蘊茜《身體政治:國家權利與民國中山裝的流行》,《學術月刊》2007 年第9 期。
〔註44〕吳江陳景康《家庭經驗談》,《婦女雜誌》第 2 卷第 1 號。
〔註45〕香港羆士《女子服裝的改良》,1921 年《婦女雜誌》第 7 卷第 9 號。
〔註46〕《婦女時報》第 3 號(1911 年)。

說，這種聲音是可以理解的。

孫中山在他的著作中，有講穿衣的問題：「人類生活的程度，在文明進化之中可以分作二級。第一級是需要，人生不得需要固然不能生活，就是所得的需要不滿足，也是不能充分生活，可說是半死半活。所以第一級的需要，是人類的生活不可少的。人類得了第一級需要生活外，更進一步是第二級，這一級叫安適。人類在這一級的生活，不是爲求生活的需要，是於需要之外更求安樂，更求舒服。所以在這一級的生活程度，可以說是安適。得了充分安適之後，再更進一步，便想奢侈。比方拿穿衣來講，古代時候的衣服所謂是夏葛冬裘，便算了滿足需要；但是到了安適程度，不只是夏葛冬裘，僅求需要，更要適體，穿到很舒服；安適程度達到了之後，於適體之外還要再進一步·又求美術的雅觀，夏葛要弄到輕綃幼絹，冬裘要取到海虎貂鼠。這樣穿衣由需要一進而求安適，由安適再進而求雅觀。〔註47〕

這裡，他談到了衣服是需要還是美觀的問題。孫中山的觀點很明確：服裝第一是需要，第二是安適，第三才是雅觀（也稱之爲美觀）。因此可以這樣概括，人們在有經濟基礎的情況下，可以講究衣服的奢華、美觀，如果經濟條件不允許的而追求舒服、安適，顯然是本末倒置的行爲。

（2）浪費與節約

《婦女雜誌》第 2 卷第 1 號發表吳江陳景康《家庭經驗談》一文，以爲「尋常衣服，貴乎質堅而耐久，色雅而不俗，若市肆做所售之洋布，大都花樣新鮮，光彩奪目，而布身鬆薄，易於穿破，以之爲衣，既嫌太俗，復難經久，觀瞻經濟，兩方俱損，至絲綢綾緞，誠足美觀其身，然一衣之費動窬十金，用以備作客之需則可，苟家常穿著，毋乃過費，故尋常衣料之最宜者，莫若用鄉人所織之本紗布，或有以其質粗而笨重者，可用中國各廠所出愛國布，誠如是，則國貨既得暢銷，利源不致外溢，而衣服亦不至於破時更，以多糜寶貴之金錢，爲家兼爲國，尤事之至美者也。」

1921 年《婦女雜誌》第 7 卷第 9 號香港羆士《女子服裝的改良》：「衣所以護上身者，必須寬大，乃近日吾國女子之衣，多尚短窄，裙僅及腹，袖不掩肘，或更模仿西裝，雖冬衣亦袒其胸，且緊窄異常，幾礙呼吸，每致肺癆之疾。是不獨於衛生方面大有妨礙，即就儀容而言，亦非美觀。況邇來復崇尚絲織之品，一衣之值，動輒數十餘，而衣上之緣飾（如沿邊之絲邊及紐等）

〔註47〕 《孫中山全集》第 9 卷，第 414 頁，中華書局 1985 年。

亦昂貴異常。吾可敬可仰之女同胞，詎宜出此，故愚竊以爲衣服不在綾羅，寬大端整爲上，雖在社會交際，不可無一二絲織品，亦當選其色樣大方，質地耐用者爲之。」

裙「比來婦女，泰半不絝而裙，態度彌覺端重，愚無間言。其裙之款式，大率仿自西裝，亦有獨具慧心，別標新諦者。一裙所用之料，只如一絝，或且更少，勝於古式百褶裙，耗料於無用之地者多矣。惟顏色大都淺豔，是不耐用也，質料大都絲綢，是不經濟也。」

有人認爲，上海男子的服裝，千奇百怪，最爲不可究語，記得民國初元，盛行愛國布，大家紛紛的做袍子穿，名義上有愛國二字，很覺好聽，實際上也省略錢，豈不大妙。然而上海人只知道趨時，既不管名義好聽，也並不要省什麼錢，因此一件愛國布的夾袍，往往裝上一個綢緞的裏子。裏子的代價，反比面子貴了好幾倍，像這樣的事情也只有上海人做的。近年來趨向嗶嘰，無論單的夾的棉的皮的，差不多都要用嗶嘰做面子，舶來品銷場打旺，便使國貨的綢緞紗羅大受影響，幾有退處無權之概。除了嗶嘰之外，又有一件魔物，叫做駱駝絨，簡直奪去了國產銀狐珠皮之席。每年二三月和九十月間，差不多人人穿一件駱駝絨袍子了。上海男子對於帽子和鞋子兩項，也很注意，因此冬季百元一頂貂皮帽，夏季五六十元一頂巴拿馬草帽；春秋二季三四十元一頂英國絲絨銅盆帽，都有人去請教。而鞋子之花樣百出，夏季日新月異，買的人但求好看，不問價錢，因此上任是身上穿一件黑色棉袍子，腳上也要穿一雙品藍細呢桃紅揢鈕的　底暖鞋，上了腳就是三塊錢，可憐已化去了他每月入款的半數咧。〔註48〕

男子衣服的花費不菲，女子的服裝同樣開銷甚大，而且這些服飾流行很快，要追趕時尚，還需要花費更多的金錢。

《新上海》第二期（1925 年）發表滄海容《上海新觀察》一篇文章，他認爲：「至於衣料的採用，也隨時變遷曾經風行過的，如印花的嗶嘰，印花的印度綢。近來風行的，有花香梅，有軟緞，有葛羅綢，有印花綢，大抵每種不過風行一年，又要挨新鮮花樣了。去年秋間，要算是毛絲綸是一時代的雄獅，每一個婦女，差不多人人都要做一件絲毛綸的衫子，單的夾的，襯絨的，都是毛絲綸。多謝這班中華民國的女同胞，給某國平白地賺了一大筆錢去。就是一般高唱愛國的女學生，也忘了五四運動和五月九日電國恥紀念，都穿

〔註48〕《新上海》第 1 期（1925 年 5 月 1 出版）。

起了毛絲綸來了。其實每尺六七角錢，並不便宜。穿在身上，彷彿把伊家府上的窗簾巾改制的，也並不好看，……今年春上，毛絲綸似乎已見得少些，多半又過時了。」

「上海有錢的人，最喜歡置備衣服，婦女尤甚，三日二朝的做新衣，穿了幾天，覺得不出風頭了，便向箱裏一塞。」〔註49〕

更有人將矛頭指向了學生（特別是師範生），認為她們為了穿著而浪費錢財。張朱翰芬在《論上海女學生之裝束》一文裏說：「吾國女學生之發達，首推上海師範也。」並指責她們的穿著，「上海之女學生同具一缺點焉，則裝束是也。一衣服也。中國綢緞不足，有用外國綢緞者，不獨材料已也，裁式之新奇，實有不可思議者，領高至四寸以上。而紐扣也，花邊也，又各花樣翻新，鮮妍奪目，於是一衣之費非十年餘金不可（指夾衣），中衣料居十之三四，而附屬品及工資反居千之六七，可駭，孰甚況乎。衣服之外，自別針、雞心以致戒指、時針、手鐲諸品，或純用金質，或鑲以珠翠，或嵌以鑽石，價值以數十金計，互為比賽，互為競賽，即互為進步。一若女學生非此不足以表其尊貴者，愈趨愈盛。吾誠不知流弊之終極矣。」〔註50〕

（3）洋裝與中裝

洋裝是指外來的服裝，不光光是指西裝，而中裝則指的是中國傳統的服裝，到底是穿洋裝還是中裝，在民國初期這種爭論不相上下，都有一番道理，且各執一詞，各不相讓。

1915 年 5 月 5 日《婦女雜誌》第 1 卷第 5 號發表任妍幽《論家庭衣食住之當注意》：

> 「近時更有崇尚西裝者一衣之費，較華裝逾數倍，且非及時者。蓋西國時時更新，轉展變易，流傳至東方，不適時尚可知矣。何苦棄祖國之儀容，撿他人之唾餘。昔有人告予曰：『我國女子學西文者，頗不乏人，但語言文字稍精者，莫不改西裝。衣西裝，操西語，崇拜耶穌，此乃添一西人耳，於我國何益。』此言發人深省。若游學外國，進彼學堂，固不得不改裝，至學成返國，則仍為華裝為宜。衣服第一要有益於衛生，綾羅綢緞不能洗滌，即不宜為家常之服，家常之衣服，無論男女，以布為是，外國織之呢，亦可參用。」

〔註49〕《上海顏色問題》，《新上海》第 1 期（1925 年 5 月 1 出版）。
〔註50〕《婦女時報》第 17 號（1915 年 10 月）。

在這裡，她的觀點很明確：認為西裝價貴，且與中國的文化不相符合。在國外可以穿西裝，但到了國內就應該以「華裝為宜」。

由於洋裝的原料多採用進口呢絨，這明顯優於國產的棉布和絲綢，大量的洋裝愈益助長了外國商品在中國的傾銷，這就帶來嚴重的經濟問題即金錢外流。辛亥革命以後在武昌一地，因為改穿西式冠履輸出白銀有 2000 名萬兩；天津在 1912 年春，一個季度進口洋服、洋帽達 125 萬兩。〔註51〕1924 年，孫中山在宣講民生主義時指出，中國由於暢銷洋貨，今年便有五萬萬兩的損失，其他各種通商的損失還有七萬萬兩。〔註 52〕其中相當大部分是洋布、洋裝。這引起一些人的擔憂，有的指出：「我國衣服嚮用絲綢，冠履皆用緞，倘改易西裝，衣帽用呢，靴鞋用革，則中國不及改制呢革，勢必購進外貨，利源外溢。故必億兆民用愈匱，國用愈困矣。」這會導致「農失具利，商耗其本，工休其業」〔註 53〕。

有人力圖把易服與保護國貨結合起來，提出「易服不易料的想法，宣揚：「裝可改，服刮易，外國貨不可用，國貨不可廢也」。〔註 54〕

1912 年 1 月 12 日《大公報》為此發表專題文章《易服以保存國貨為要義》，認為「我國同胞而欲國之富也，則宜愛用國貨。用國貨則改易西服宜盡以國貨為之，不必用西人之呢羽。」

上海軍調查司長潘月樵上書都督說：「民國氣象一新，人士趨改洋服洋帽，其為數不知凡幾，若不早為之計，必至不可收拾。」』〔註 55〕

因此建議用國產原料製作西服，有的說：「我國同胞欲國之富也，則宜愛用國貨。用國貨則改易西服宜盡以國貨為之，不必用西人之呢絨。」有的建議軍服帶頭以國產原料製作。

上海還建立了「剪髮緩易服會」，「以疏通便服維持生計為目的」，認為：「貿然改裝，對於將來之服制恐小合符，不若緩易之為愈也。」〔註 56〕通俗宣講辛亥革命上海等地光復後，曾聯絡地方會發起「剪髮不易服會」。「一時風聞興起．各省組織分會，入會者不下數萬人。該會一直活動到西裝銷售回

〔註 51〕 《復中華國貨維持會函》，《孫中山全集》第 2 卷，中華書局 1986 年。
〔註 52〕 《孫中山全集》第 9 卷第 571 頁，中華書局 1986 年。
〔註 53〕 《服飾芻議》，《申報》1912 年 1 月 7 日。
〔註 54〕 《維持國貨以興商稅說》，《申報》1912 年 6 月 13 日。
〔註 55〕 《潘月樵請用國貨》，《申報》1912 年 3 月 14 日。
〔註 56〕 《剪髮緩易服會簡章》，《申報》1912 年 1 月 2 日。

落的 1917 年」，認爲「目的既已達到，斯會名義無存在的必要」，才宣告解散。

　　1915 年 5 月 5 日《婦女雜誌》第 1 卷第 5 號發表任妍幽《論家庭衣食住之當注意》：「衣服之製法，似我國較東西洋爲勝，西式太緊，使肌膚束縛不舒，東式太寬，非但寒風透體，於作事上亦不得便利，是以近來漸漸改良，袖小身短，裙腰襞積，甚適當便。我國將來須先由各學校服裝一致，始可漸漸推及眾用耳。」

　　早在 1903 年，就有人極力推崇西裝。他們認爲，既有西裝的形式，則不能不有所感觸，進而講求西裝的精神。西裝之精神在於發奮踔厲，雄武剛健，有獨立之氣象，無奴隸之性根。既講求西裝之精神，不能不取西人所謂政學、法律、工藝、商農之美法，一一舉行之。〔註 57〕這裡，顯然又過分強調了西裝的作用。其實西裝的出現，流露出中國人開放的心態，鄙棄了束縛自我發展的禁錮，不再夜郎自大，這是一種社會的進步。

　　凡此，以上所說的遽然不同的觀點與做法，正說明了當時激烈的服裝文化觀念上的衝突。

2011 年 3 月 25 日星期五

〔註 57〕　《剪辮易服說》，1903 年 3 月《湖北學生界》第 3 期。

附　圖

滿人服裝

全家福

清末藥店

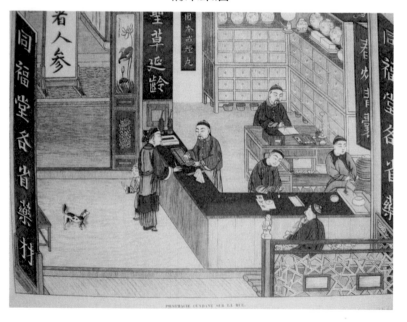

騎毛驢

民初全家照

漂亮的少奶奶

祖孫三代

清帝王

龍華進香

意在筆先

金井秋欄

西 餐

打桌球

女紅所需

縫紉機做衣服

上　篇

民國初期（1911～1920 年）
——新舊交替的服裝文化

　　中國民國初期的服裝，是承繼了晚清服裝的發展軌迹，而逐步形成的。任何事物的變化都不可能立馬發生巨變，而是有個慢慢進行演變的過程，服裝同樣如此。在成都，晚清的服裝就是非常引人一番注意的：「近來成都講究穿著，女衣則尚簡便，不似上年之華麗寬大。男衣則尚窄小，多用蘇洋各料者，皮衣則年貴一年。凡省城之做現成之新女衣，多在暑襪街及總府街、新街、科甲巷四處售。做現成之男衣服，多在總府街、鼓樓南街及會府售。如出當之舊衣，及公館內變售之衣服，均在會府及鼓樓南街售，然須防一種改消子。改消子者，言改作之衣裳也。凡改作者，其褊子揉之有聲。惟買衣服時，其衣鋪之店多招呼買主，爭拉可厭，亦可笑耳。」〔註1〕

　　不僅在成都，其他地方也都是這樣。徐珂在《清稗類鈔・服飾類》就記錄了蘇州、上海等地的時尚變化：「順、康時，婦女妝飾，以蘇州爲最時，猶歐洲各國之巴黎也。」「上海繁華甲於全國，一衣一服，莫不矜奇鬭巧，日出新裁。其間由樸素而趨於奢侈，固足證世風之日下，然亦有由繁瑣而趨於簡便者，亦足見文化之日進也。衣由寬腰博帶，變而爲輕裾短袖，履由高底仄頭，變而爲薄底闊面，皆於作事行路，良多利益。光緒末，暑則鵰毛扇，寒則風帽、一口鍾〔註2〕。鵰毛扇價甚昂，一柄須十餘金，後則易之以五寸之紙摺扇，廉而且便，風帽、一口鍾亦易以大衣。此由繁瑣而趨於簡便之一端也。」

〔註1〕《成都通覽》（下）第70頁，巴蜀書社1987年版。
〔註2〕一口鍾：清代斗篷。

　　同樣，民國時期的服裝穿著風俗，是從傳統走向現代的過程，也是一個漸進的過程，它與人們的思想觀念以及服裝文化的發展緊密地聯繫在一起的。

　　在《重輯張堰志》裏，將清末民初的服裝及其社會風尚的變化敘述得很清晰：

> 衣服之制，歷來寬長，雅尚質樸，即紳富亦鮮服綢緞。咸豐以來，漸起奢侈，制尚緊短。同治年，又尚寬長，馬褂長至二尺五六寸，謂之「湖南褂」（時行營哨官、管帶，皆寬袍長褂，多湘產，故云）。光緒年，又漸尚短衣窄袖。至季年，馬褂不過尺四五寸，半臂不過尺二三寸，且仿洋裝，制如其體。婦女亦短衣窄袖（先行長至二尺八九寸），脛衣口僅三寸許（先行大口，至尺二三寸），外不障群（裙）。（女子十七八猶辮，而不梳髻，不纏足，遵天足會令也。）尤近今風尚之變。〔註3〕

1942 年《西昌縣志》也記載：「民國初，清制廢，仕宦尚服短褂，後漸布袍短服。城市婦女習染豔裝，日漸奢侈，鄉村依舊。」〔註4〕1923 年《慈利縣志》也記載：「辛亥革命，男去辮髮，女弛裹足（惟鑿耳惡習今尚沿，未盡革），誠咄咄二大快事。然美猶有恨，內爭踵接，議禮未遑，文武禮服，冠用氈也，履用革也，短服用呢也，完全歐式。」〔註5〕

　　從以上記載，可以看出清末民初的服裝演進非常劇烈，不僅表現在款式方面，而且在布料以及整體裝扮乃至城市方面都發生了巨大的改變，特別是進入民國時期，社會制度的更疊，使得中國服裝文化朝著一個嶄新的方向發展。1924 年《江津縣志》載：「服以章（障）身，佩以養德，古於服飾，非徒美觀。邑俗年來漸趨奢靡，絲綢國貨視爲尋常，短袂窄襟，裝尤妖豔。澤發之露，嫩面之膏，不待熏香，自然藍舋。」〔註6〕這裡，可以知道，從民國開始，人們對於服裝的認識，一改過去的「服以章（障）身，佩以養德」的觀念，將服裝改變成爲裝扮身體的一種手段。

〔註3〕 《重輯張堰志》，《上海鄉鎮舊志叢書（12）》，上海社會科學院 2004 年版。

〔註4〕 《中國地方志民俗資料彙編・西南卷》（上）第 373 頁，書目文獻出版社 1991 年版。

〔註5〕 《中國地方志民俗資料彙編・中南卷》（上）第 670 頁，書目文獻出版社 1991 年版。

〔註6〕 《中國地方志民俗資料彙編・西南卷》（上）第 235～236 頁，書目文獻出版社 1991 年版。

一、傳統與變化

　　在一些地區，雖然到了民國時期，依然保持傳統的穿著習俗，同時保留著傳統的風俗習慣。如福建《長樂縣》1917 年：「二月二日，女復歸寧，至五月始返，（俗謂「討夏衣。女返夫家時，女之父母以男女衣服遺女與婿）」。 討夏衣是一種習俗，流行在福建長樂等地，是岳父母給女兒與女婿的衣服。此風俗反映的是人們長期以來對於衣服的重視，不再是將衣服作爲保暖的工具，而且還深深地打上民俗的烙印。過去有種風俗，孩子上學要穿新衣，象徵一種新的人生開始。有首民歌這樣唱道：「正月梅花最芬芳，讀書官官上學堂。兒肯讀書娘歡喜，明朝替你做一件好衣裳。好衣裳來好衣裳，孩兒著仔好風光。阿娘省下買花買粉錢和鈔，從今裝扮好兒郎。」〔註7〕

　　這一時期，社會進步，生產發展，製作衣服的布料有了更多的挑選餘地，特別是外來的布料進入製作衣服的視野。福建《政和縣志》記載：1919 年該縣「人民衣服，分土布、竹布、呢絨、綢緞等，唯士人率以韋布相先整冠服出，無以放縱而貼邊幅不修之誚者。」在這裡，一方面說的是衣服的料子發生很大變化，另一方面也說明人們穿著的觀念也發生改變，特別是地方士紳講究穿著整齊，而不修邊幅者會遭到詬病。

　　1910 年前後，中國人的服裝與傳統有了很大的不同，發生巨變，尤其在女學生中這種變化更明顯。《婦女雜誌》1915 年 1 月 5 日《創刊》號上，可以看到，辛丑孟冬，女子穿冬天棉衣，高領，右衽，衣短，齊臀。此刊上海刊登一幅上海愛國女學生國文專修科生的夏天照片：短衣，白色，高立領，下裙爲黑色，長及鞋面。由此可見，這是當時普遍的女學生服裝，也是非常流行的夏天衣服。

　　對於女學生這種打扮，還是有人看不慣，認爲她們具有共同的缺點，就是「裝束」的材料與裝飾。

　　張朱翰芬《論上海女學生之裝束》：「吾國女學生之發達，首推上海師範也。」「上海之女學生同具一缺點焉，則裝束是也。一衣服也。中國綢緞不足，有用外國綢緞者，不獨材料已也，裁式之新奇，實有不可思議者，領高至四寸以上。而紐扣也，花邊也，又各花樣翻新，鮮妍奪目，於是一衣之費非十年餘金不可（指夾衣），中衣料居十之三四，而附屬品及工資反居千之六七，可駭，孰甚況乎。衣服之外，自別針、雞心以致戒指、時針、手鐲諸品，或純用金質，或鑲

〔註 7〕 《滬諺外編》第 82 頁，上海古籍出版社 1989 年版。

以珠翠，或嵌以鑽石，價值以數十金計，互爲比賽，互爲競賽，即互爲進步。一若女學生非此不足以表其尊貴者，愈趨愈盛。吾誠不知流弊之終極矣。」

在這段文字裏，反映的是作者對於女學生服裝的不滿情緒，但是也爲我們保留下珍貴的資料，也可以看出女學生服裝的多姿多彩的畫面：在衣服的外面綴有各種自別針、雞心以致戒指、時針、手鐲諸品，或純用金質，或鑲以珠翠，或嵌以鑽石，足見當時女學生服裝的美麗和新奇。當然不是所有的女學生的服裝都是如此，但是反映了一部分（或者的一小部分）學生的奢華追求。

在大城市，這種觀念更是盛行，出現時裝不斷翻新的現象。在上海，有一《女眷裝飾》竹枝詞這樣說道：「時裝翻出不辭勞，畫黛還須揀細毫。口上胭脂腮上粉，紅菱上寸惹風騷。」

這種講究打扮的風氣，在妓女中間更爲盛行。「前清中葉時方盛年，豔名已噪，光緒甲辰居迎春坊，榜名曰天香閣，名花寶寶……民國元年，張榜跑馬廳，易名琴寓。氣象崇閎，豪闊爲北里之冠。曾御珠邊衣，衣之四緣綴以珠蝴蝶，燦爛奪目。」

張朱翰芬《論上海女學生之裝束》：「夫上海爲妓女薈萃之地，服裝之奇麗久爲社會所公認，今以文明之女學生而亦尤而傚之。試問，迷離撲朔，又孰能辨其是爲女生，是爲妓女哉。誠以今之妓女一衣一履輒作學生之裝束，摹效惟恐不屑，乃爲女生者不急思趨避，反崇尚侈靡，從而爲之倡導，是亦不可以已乎。一女生之人，學也。其寄宿者，學膳費年達百金以外，復加種種無謂之靡費，富者或猶可勉爲支持。」

說到妓女，在各地都是講究穿著的人群，她們由於職業的需要，往往會用非常鮮亮的衣服來吸引人們的目光。特別是在大城市，妓女分爲不同的地域而引發激烈的競爭。舉上海爲例，「書場初創時代，書寓中人數無多，故無派別之分，無論蘇常吳揚，皆同薈一場。其後人數漸眾，不免互相傾軋。初時惟蘇常吳和揚州兩派相競爭。揚州竟不能蘇常吳爲敵。揚州幫既被排斥，蘇常吳三幫，日久又各分立門戶。其後吳江人中途失敗，書寓僅存蘇常兩幫。此兩幫中，以藝論，常熟人爲上，蘇州人次之；以色論，蘇州人爲上，常熟人次之。蘇常兩幫，彼此皆旗鼓相當。然常熟幫人數較少，蘇州幫人數較眾，競爭結果，蘇州幫竟全軍奏凱矣。」〔註8〕在此記載裏，說明的是不

〔註8〕 《上海六十年來花界史‧妓院地點規則派別沿革‧妓女種族之競爭》第8頁，時新書局1922年。

同地區的妓女爲了自身的利益，進行互相傾軋，以區域來劃分不同檔次，顯然有所偏頗，而服裝的好壞更能吸引注意力，而在她們中間，「湖州幫，以裝束勝」。〔註9〕這就十分清楚地證明了服裝的重要性。

妓女在穿著方面引領風氣之先，是有目共睹的。「每歲新年，妓女著大紅裙，乘馬車大兜圈子，裙邊密繫金鈴，行時琅琅有聲。江浙間新娘，必穿紅裙，新年亦如之。妓女穿紅裙，蓋摹擬大家眷屬也。《柔鄉韻史》滬上妓女竹枝詞：向夕馬車忙不住，大家爭賽石榴裙。即詠此也。」〔註10〕根據當時的習俗，紅裙，是江南地區新娘子所穿著的特有裝束，而且只能在新年之際穿，妓女卻打破這種風俗，不僅平時就穿，而且根本不在乎自己的身份是否合適。這種倒行逆施的行爲，倒也穿出了一種新的風氣。

妓女的服裝直接會影響婦女的審美，使得後者向前者看齊，這種狀況在民國初期的上海尤其如此：「衣者，章身之具，又體之文也。申江閨秀，大都由青樓以變遷，紗綢、綢帛幻式之速，殆如曇花霞影，即士大夫之服裝亦多視此爲轉移之關鍵。布帛無論其質地佳否，但經時髦倌人及有名講求衣飾之人製爲服裝，即可風靡一時（顏色及長短亦然）。」〔註11〕

有時候，，妓女也會穿著學生的服裝，完全不像妖豔非凡的妓女的形象。包天笑曾經回憶這樣一段故事：

城東女學的故事是很多的。有一次，他們那裡招收了一個漂亮的女學生，年約十七八歲。雖然漂亮，但衣服穿得很樸素，不施脂粉，完全是個女學生型。這個女學生，是在黃任之所教的國文班裏的。城東女學招生，不似別的女校裏十分嚴格。因爲學生都是幼年失學，到了年長，方始來補習的。在現代那種校風說起來，又要說她是「校花」什麼之類了。在城東女學也來了有兩個月了，倒也是很聰明而且很勤懇。

有一天，黃任之有應酬，人家請他在某一西菜館裏，內中是有許多商界中人的，他們「叫局」（即召妓侑飲），黃任之自己不叫局，而不能禁止人家不叫局。

一時之間，鶯鶯燕燕都來了，可是其中有一人，恰好坐在他的對面，酷似城東女學每日上課的這一位漂亮的女學生。不過是遍體綺羅，裝束入時，

〔註9〕　《上海六十年來花界史・妓院地點規則派別沿革・妓女種族之競爭》第8頁，
　　　　時新書局1922年。
〔註10〕　《上海花界六十年》第151頁，時新書局1922年。
〔註11〕　陳伯熙《上海軼事大觀》第89頁，上海書店出版社2000年版。

完全是兩樣了。他越看越像，而這一位堂子裏來的姑娘，見了黃任之以後，也很爲局促，側著身子，不敢以正面對他。

偏偏那個叫她堂唱的商人，還對著黃任之誇說：「黃先生!你不要輕視她，她還是一位女學生哩。」那位姑娘臉漲通紅，愈加不能存身，立即起身告辭了。黃任之也不待吃完西餐，說另有他事，起身離席，一腳奔到竹行弄，告訴楊白民以剛才所見的一切，於是學生們也大嘩起來了。但這事也不能怪楊白民，他怎能知道她白天在讀書，夜裏在出堂唱呢？這也沒有別的辦法，只有等她明天來時，把她開除就完了。可是不必等你開除，她從此就不再來了。

後才知道這人便是上海妓院裏當時鼎鼎大名的小四金剛之一的金小寶。她和一位客人青浦名士陸達權很要好的，陸達權是留學日本的一位高材生，因爲她[他]的妹妹也是城東女學的學生，是她指引到城東女學來讀書的。陸與楊白民、黃任之等，也全都認識，如何讓一個妓女來附讀呢？但是後來租界裏美國教會所辦的中西女學，它的校址在漢口路，四周圍都是妓院。它那裡附設的慕爾堂，辦了一個婦女補習學校，妓院裏的雛妓，在那裡補習的不知其數。試從寬展處著想，哪一等人是不應受教育呢？孔子云：「有教無類。」〔註12〕

這段回憶錄，告訴人們一個事實：不同的服裝是可以互換不同的角色。一個人的身份決定了他的服裝，同樣的道理，一個人的服裝也可以知道他的身份。特別是在不希望別人知道自己身份的情況下，服裝往往又成爲掩飾的最好的外在裝飾。

然而，妓女同樣具有愛國心。她們原本喜好在夏天穿著外國的紗絹，到了提倡國貨的時候，就毅然決然第放棄紗絹，而穿上中國傳統的夏布：「然民國三年以前，無論如何變更，總不去紗羅綢絹以外，中日交涉以降，高識之士咸倡用國貨，於是盛夏服衣多以夏布爲主，曩之各種舶來紗絹幾無一人過問矣。」〔註13〕

此外，她們還敢於將國旗做成褲子，表現一種時尚的追求。「光復初，五色旗照耀大地，而上海一隅，婦女之褲，竟有制五色旗以爲美觀者，而以妓院爲尤甚，其製法大都在褲之上截腿際。以五色旗合陸軍旗作交叉形，左右各一。說者謂若輩眞愛國，故褲中製有國旗。或曰女褲製以國旗，未必褻瀆。

〔註12〕 《釧影樓回憶錄》第 438—439 頁，山西古籍出版社、山西教育出版社 1999 年版。
〔註13〕 陳伯熙《上海軼事大觀》第 89 頁，上海書店出版社 2000 年版。

論者莫衷一是云。然不逾年亦絕迹矣。」

　　穿著國旗褲的不僅僅限於妓女，還有一些主張消除賣身現象的人也會穿著國旗褲，其中張曼君則是一個。「張曼君青樓進化團之中堅人物，而所學亦薄有根底，常在學校中演說，謂以國旗置衣褲中，恐被外人恥笑，仰且有傷國體。五色旗之得來多虧英雄豪傑斷送多少頭顱，犧牲多少生命云云。立言至爲得體，是妓界之能見其大者。」〔註14〕

　　所謂青樓進化團，是光復以後，在上海成立的組織。首先創議者爲祝如椿，共同發起者爲柳如是、張曼君、翁梅倩、林黛玉、謝鶯鶯、萬里紅等。柳如是時風頭正健，任理事，亦最勇。張曼君，舊名叫天文香，素通書翰，而且富有革命思想。辛亥起義，每日必購《民立報》而讀之。他們認爲，妓女既墜苦海，又多爲受過教育，因此要幫助她們籌辦學校，使她們先接受教育。進化團的任務就是「聯絡同儕，普施教育，作從良之預備。」爲了籌措經費，1912年5月30日，他們假丹桂戲園包演了一場戲，柳如是等人客串，當時著名的妓女也上臺唱歌。這一晚，共籌得一千多元，遂開始籌辦青樓進化團。〔註15〕

　　在行業方面的服裝，最有一定代表性的是警察制服。上海開埠時，華捕是頭戴瓜皮帽，身著號衣，前衣襟上寫著號碼。《申報》1913年7月7日有文記載：「華捕穿著號衣上差之時，必須精神倍加，恪恭將軍，不准倚靠電燈杆及欄杆等處」。這種嚴格的規定，顯然與他們服裝所表現出來的職業精神緊密關聯的。到了後來，華捕也都換上西服。上海《竹枝詞》這樣唱道：「短衫窄褲換西裝，充捕居然意氣昂。寄語途人須檢束，因風柳絮最顛狂。」〔註16〕正反映了這種警察制服的變化。

　　由於服裝是人們外表形象之所在，而且反映一個家庭的經濟狀況，因此服裝對於當時來說非常重要，也非常貴重的物品，即使破損，也不惜織補，於是也產生了新的職業，如洗滌業與織補業。《刷帽子》：「瓜皮小帽容易舊，半是灰塵半油垢。攤頭有法刷得新，整舊如新眞不謬。我聞洗刷手段官場工，能使貪污化爲廉與公。綠帽亦將顏色染，改頭換面弄神通。」《織補衣裳》：「簇新衣裳忽擦破，或被鼠傷成燙火。見衣不必縐眉頭，巧法有人能織補。竹圈一個絲幾根，居然補得一無痕。人生缺憾知多少，奈何能補衣衫難補人。」

〔註14〕　《上海花界六十年》第151頁，時新書局1922年。
〔註15〕　《上海花界六十年》第156-157頁，時新書局1922年。
〔註16〕　顧炳權《上海洋場竹枝詞》第76頁，上海書店出版社1996年版。

〔註17〕這兩首民歌反映的就是洗滌瓜皮帽與織補衣服的情形。

與老百姓日益變化的服裝相比，民國初年的政府，就有些打退堂鼓的意味。1914 年，民國政府製定了一整套的進行祭祀的禮服，並且將這種祭祀冠服制度，作為政府法令進行貫徹，由內務總長朱啓鈐授權發佈：

大總統令：據今政治會議議覆祀天冠服應飭下所司，特別規定著內務部，廣集見聞，詳晰議擬等。因本部自設立編訂禮制後，遵即自先提議祭冠服一案。查政治會議祭天諮詢議決，案內謂祭服用冕一節，雖《周官》所載，漢唐宋《輿服志》所傳，自天子逮卿大夫各有等差，品秩昭然，原非帝王特製，但去古即遠，惟通人學士能博稽而詳說之，而難免於多數懷疑，與其驚世駭俗從周，徒博虛名，何如創制顯庸開國特隆鉅制，自應酌古斟今，另行規定特別冠服較為適宜。仍以合乎古而不戾於今，爲當冠即名之曰祭冠，服即名之曰祭服。均爲臨祭而設，惟求適宜相稱，文采章施，鏊然有序，用昭敬恪。上自元首下逮國民於祭天暨其他祭禮各得用之，即以符通祭之義等語。〔註18〕

在上述文字中，廣徵博引，「酌古斟今」，用以證明祭祀冠服的制度，「合乎古而不戾於今」《祭祀冠服制》規定從大總統到普通祭祀人員的服裝，以及服裝紋飾上所反映出來的不同等級：「大總統以下，祭冠祭服分爲特任官、簡任官、薦任官、委任官及士庶五等，各綴冠章於冠，團章於服，以爲之別。此外如冠服之緣，大帶之飾，中衣之制，以及紱之易而爲組，舄之改而爲韡類，皆悉心鏊訂參酌古今。凡此損益之因時拘牽於往制，要期變通之盡善，俾成巍煥之新儀，以仰副我。」〔註19〕

《祭祀冠服制》規定祭冠、祭服、帶、中衣、韡、樂舞生冠服等：

一、祭冠，「採取爵弁制，黑表朱裏去笄，以錦爲飾，綴以冠章，以爲等差。」

大總統之祭冠，以赤地金錦爲紕，冠章圓形，飾以六穗嘉禾兩莖，綴明珠一環，珍珠十二組，纓用纁色。」

文武各官暨士庶祭冠別爲五等。

〔註17〕《滬諺外編》第 186 頁，上海古籍出版社 1989 年版。
〔註18〕《祭祀冠服制》第 1 頁，中華民國三年八月政事堂禮制館刊行。
〔註19〕《祭祀冠服制》第 2 頁，中華民國三年八月政事堂禮制館刊行。

一等爲特任官祭冠以藍地金錦爲紕，冠章圓形，飾以五穗嘉禾兩莖，中綴紅寶石一環，珍珠九組，緌用紫色。

二等爲簡任官祭冠，冠章綴黃寶石一環，珍珠七，餘同前。

三等爲薦任官祭冠，冠章綴黃寶石一環，珍珠五，餘同前。

四等爲委任官祭冠，冠章綴白玉一環，珍珠三，餘同前。

五等爲士庶祭冠，青素緞爲緣，不用錦冠章，綴玄玉一方，無珠無飾，組緌用青色。

二、**祭服**，「採用玄色纁裳制，錦緣去佩韍，以章數多寡爲等差。」

大總統之祭服，衣玄色，裳纁色，質用絲，緣飾赤地金錦，衣繡十二團，以十二章爲一團，裳繡雲海紋。

文武各官及士庶祭服別爲五等，如冠制例。

一等衣玄色，裳纁色，質用絲，緣飾藍地金錦，衣繡九團，以九章爲一團，裳無繡。

二等衣繡七團，以七章爲一團，餘同前。

三等衣繡五團，以五章爲一團，餘同前。

四等衣繡三團，以三章爲一團，餘同前。

五等玄衣纁裳，質用絲，本色素，緣不用錦，不加繡飾。

三、**帶**，「採用大帶制，垂紳，質用錦，而去其緣。」

大總統赤地金錦朱裏。

文武各官均藍地金錦素裏。

士庶不用錦，隨裳色，質用絲。

四、**中衣**，「存深色之意，而採白紗中單之制，略變通之。」

大總統以下文武各官及士庶，概用白色絲織品，領緣各隨，衣裳緣色，腰無縫，不分幅。

五、**韡**，「採前代禮韡式，質用絲，皂色粉底」。

大總統以下文武各官及士庶皆同。

六、**樂舞生冠服**，「冠色黑，緣以黑地，片金青緌，無緌。冠有覆版，四方形，平置，冠章銅質。樂生鏨樂字，舞生鏨舞字，均篆書。衣採深衣制，略加變通。藍色領袖，腰襴及下端，均黑緣，下不分幅，長及踝，通身繡小葵花，無帶皂韡。」

這種《祭祀冠服制》，也曾經進行過實踐。1914 年袁世凱在天壇祭祀，就

用了這樣的祭祀冠服。

很明顯，這種祭祀冠服是封建社會祭祀服制的翻版，與其復辟封建制度是一脈相承的，是用冠冕堂皇的說理，將等級森嚴的封建社會的服飾制度改裝成為共和制度的外表的禮儀服飾，明眼的人一看就知曉，更何況袁世凱稱帝的野心暴露之後，這種帶有封建制的服裝文化雨共和制度更是格格不入了。

二、洋布與土布

所謂洋布就是外來的布料，所謂土布就是中國本土生產的布匹。1910 年之後，洋布進入中國已經有很多年頭，並且一直為人們所關注與使用。

洋布不僅作為衣服的料子，而且也作為其他用處：「凡住居上海之婦女不能蟄居家中，以交通既便，往往以購物等事託住內家，斜陽斜黑，人力車一瞥而過，所張五色漫爛之洋布，皆舶來品也，即此一端。每歲所輸出之金錢，何止百萬。且逆料此物銷路方蒸蒸日上耳。」〔註 20〕這裡的人力車篷就是用洋布做的，五色漫爛，頗為吸引人。

在穿著之中，也明顯地感到洋布與土布的區別。前者比較新潮，色彩鮮豔，有一定的牢固性，但價格偏貴；土布比較粗俗，容易破損，而國產的絲綢做衣服雖好，但價格昂貴，一般只用來「作客之需」。因此，當時在報刊上經常可以看到人們關於對洋布與土布的不同見解。

《婦女雜誌》1915 年第 2 卷第 1 號發表吳江陳景康《家庭經驗談》：「尋常衣服，貴乎質堅而耐久，色雅而不俗，若市肆做所售之洋布，大都花樣新鮮，光彩奪目，而布身鬆薄，易於穿破，以之為衣，既嫌太俗，復難經久，觀瞻經濟，兩方俱損，至絲綢綾緞，誠足美觀其身，然一衣之費動盜十金，用以備作客之需則可，苟家常穿著，毋乃過費，故尋常衣料之最宜者，莫若用鄉人所織之本紗布」。

在這個時候，人們更多的關心衣服的使用價值，畢竟人們剛剛從小農經濟的窠臼中走出來，有很強的節約的觀念。「衣服以適體為主，太寬太緊，俱非所宜。蓋寬則長衣服大袖，易受外來之風寒，需料既多，所費自大。緊則束縛筋骨，有礙血液之流行，而易於破裂，亦非節約之道。在女子則有礙雅觀，尤當力戒。」〔註 21〕

〔註 20〕《婦女時報》第 2 號（1911 年）。
〔註 21〕陳景康《家庭經驗談》，《婦女雜誌》1915 年第 2 卷第 1 號。

一般而言，土布是農村家庭手工生產的，而洋布都是城市的工廠裏規模化生產出來的，因此它的產量更大，同時還必須具有良好的市場競爭力，否則是很難受到消費者歡迎的，特別是在民間沒有紡紗織布習慣的地方，洋布的需求量就更大。根據 1928 年《雅安縣志》記載：當地「俗不織布。前此好楚布，來自長沙，近則多尚洋布，或購仁壽、夾江諸布，價較廉而質亦薄。俗以楚布爲廣布，蜀布爲土布。鄉村尚儉約，贏餘之家禮冠服往往不備，偶一需之，輒假  諸鄰，相沿日久，頗不爲怪。婦女不親蠶織，操井臼，課針黹，終歲布裳。」〔註 22〕由於百姓不善紡織，只會針黹、縫補，所以衣服衣料的需求是不斷的；而推動洋布發展的是，人們喜歡穿著洋布衣服，進而更加促使洋布的生產與流通。「城中婦女妝束喜仿吳下，間衣綺羅，時妝推行，感應最速，越雅則否，殆一水相通之故。」〔註 23〕

這段文字，說明雅安縣的民眾喜歡模仿江南地區的服飾，更有水利之便，使得洋布得以生存與發展。

在農村，穿著洋布的人們也越來越多。有人發表《吳江風俗記》一文，就指出：「男女冠飾日趨於奢，前此家常多用土布，作客亦不過粗綢，最華美者，湖綢極矣，近則日益麗都。綺羅錦繡，相習成風，花緞線春之屬，視爲普通服飾，間有被外國綢緞，不惜巨價以投時尚者。」〔註 24〕這種喜歡洋布的現象越來越普遍，不管是城市還是農村都在發生巨大的變化。

洋布等外來貨物在上海等地比較便宜，但是其他生活成本相對城市而言要低廉得多，爲此有人非常糾結，曾經反覆加以計算：「可是有許多朋友都勸我，家眷何必要回到蘇州去，就居住在上海，豈不甚好？從前你有祖老太太

〔註 22〕　《中國地方志民俗資料彙編·西南卷》（上）第 354 頁，書目文獻出版社 1991
　　　　　年版。

〔註 23〕　《中國地方志民俗資料彙編·西南卷》（上）第 354 頁，書目文獻出版社 1991
　　　　　年版。

〔註 24〕　《婦女雜誌》1915 年第 2 卷第 1 號。

在堂，不能離開蘇州，現在僅有夫婦兩人和一個女孩子，只是一個小家庭。你既在上海就事，便沒有回蘇州的必要。那一天，我去訪問楊紫驎譜弟，適遇他的哥哥楊綬卿在家（他是一位孝廉公），也勸我住在上海。因為他最近從蘇州來，知道近來蘇州的近況及生活問題。他說：「有許多人以為住在上海費用大，住在蘇州費用省。我最近調查一下，衣、食、住、行四個字：衣物原料，倘是洋貨，還是上海便宜，不過裁縫工錢略大，但難得做衣服，或自己能裁縫的，沒有關係；米是蘇州便宜，青菜與上海相同，魚肉豐富；所差者房租上海要比蘇州貴兩倍多，但只是一個小家庭，也不過上下數元之間；在行的方面，上海有人力車，車錢支出較多，但倘使家眷住居蘇州，免不了一個月要回去幾趟，一去一回，這筆火車費，計算起來，倒也不小咧。」〔註25〕

從此記載來看，製作衣服的洋布的便宜也是作者考慮居住地的一個重要原因，也從另外一個層面說明洋布對於人們生活的影響已非同小可。

當然也有人持不同觀點。署名為「頑固女子」的人寫了一篇《紡綢衫之話》，說：「東鄰某婦喜穿洋布衫，但每年必新制一件，蓋至第二年必破碎而不能穿矣，余則喜穿紡綢衫，非欲其有美觀，不過求其經濟上略合算耳。聞余言者，必笑曰：豈有紡綢之價廉於洋布乎。余曰：否。紡綢之價五倍於洋布，製一衣可穿八九年，與洋布之每年必更一新制者，相差甚大。」〔註26〕雖然作者喜歡的是紡綢衫，但是她的鄰居卻歡喜洋布衫，其原因就在於洋布的花色品種每年都有變化，給愛美的人帶來不斷更換衣服的機會，即使出比較多的錢也無怨言。這就是「頑固女子」與其「喜穿洋布衫」鄰居的最大差別。

頑固女子還說：「穿紡綢衫多上等人，穿洋布衫者多下等人，故穿紡綢者頗體面，且舊衣可染以他色，或更改小兒衣服。若我儕寒素人家，往往於無為炊之時，尚可質良糴米。」〔註27〕儘管如此，人們依然不買賬，照樣我行我素，用洋布來做衣服。最後她無可奈何地發出感歎：「中國女子何以不用中國質極牢價極廉之織物哉。」〔註28〕

還有人舉例而言，來證明土布的牢固：「今日之女子，喜徘徊於洋貨鋪內，購買洋貨，余試談洋貨好處。余十三歲時，余母親賜我杜布衫一件，此衫乃外祖母十七歲時所製，余今年三十有七矣，此衫尚未破，名為洋貨則何如。」

〔註25〕 《釧影樓回憶錄》402 頁，山西古籍出版社、山西教育出版社 1999 年。
〔註26〕 《婦女時報》第 1 號（1911 年）。
〔註27〕 頑固女子《紡綢衫之話》，《婦女時報》第 1 號（1911 年）。
〔註28〕 頑固女子《紡綢衫之話》，《婦女時報》第 1 號（1911 年）。

〔註29〕此說想說的是土布如何之好洋布如何之劣，其實只能說明一個個案，並不代表每一個人都會像她那樣一件衣衫用上幾十年的。更何況愛美愛新是大多數的希望所在，而洋布能夠滿足人們的欲望，因此這種比較就沒有太大的意義。

洋布與土布之爭，還有人從經濟角度來說明爭鳴。

秦芬蓉在《女界之裝飾與國家經濟談》一文裏說：「我女界之黑暗無光，我女界之喜作華麗裝飾，使我思之傷心。今者外貨盛行於我國，而以女界中衣者為最甚，每歲計之不下數千百萬，此則利權外溢，經濟匱乏，毋怪中國之欲貧也。我衣者土布，用者華貨，無人以我為非噫。」〔註30〕

更有甚者，將購買土布是為了不使利益外流。「或有以其質粗而笨重者，可用中國各廠所出愛國布，誠如是，則國貨既得暢銷，利源不致外溢，而衣服亦不至於破時更，以多麋寶貴之金錢，為家兼為國，尤事之至美者也。」〔註31〕

這些觀點都說明，在當時人們對於洋布與土布的看法存在很大的爭議。

在很多地方，土布與洋布交替穿著，這與當時新老交錯的時代特徵直接關聯。

在蘇州，「初春，天氣尤寒，老年多穿羊皮，少年多穿駱駝絨；富家著灰鼠、銀鼠、青宗（左加犬）羊；普通均穿棉袍，或襯絨線衫子，外套絲綿長袍。以前馬褂皆用羊皮、灰鼠，今則多用短毛駱駝絨。其衣料，長袍多用物華絲葛，物華葛；馬褂用成經緞。過後用棉袍，襯以絨繩（線）衫子；至夾衣時候，則用嗶嘰，褂用直貢呢。但大都不穿馬褂，以坎肩代之。學生則並坎肩亦無之。服西裝、中山裝、學生裝，四季有之；惟質料不同耳。清明節後，去夾袍而換以嗶嘰、絲葛紡綢、熟羅之單衫；外罩絲紗馬褂，但平時亦多不穿。至溽暑，則多穿葛布、米通紗、蟬翼紗、芙蓉紗等。至秋風一起，又將由葛而單，由單而夾；所御者，大都與春季彷彿。但愛時裝者，必求趨時，更製秋衣服。迨夫朔風屬箠，富家子弟認為炫耀之時機已至；蓋平時衣服，中產之人，皆可勉強備置；其在愛時髦者，且可與富家分庭抗禮，故富室一進隆冬，多穿灰鼠、珠皮、銀鼠、獺皮、紫羔、海虎、橫皮、狐嵌等，外罩呢氅，項圍絲巾，其貴重者非寒素者可望其項背。其料多用緞、葛，葛

〔註29〕頑固女子《紡綢衫之話》，《婦女時報》第 1 號（1911 年）。
〔註30〕《婦女時報》第 3 號（1911 年）第 81 頁。
〔註31〕陳景康《家庭經驗談》，《婦女雜誌》1915 年第 2 卷第 1 號。

（遇）雨天則服橡皮雨衣帽。至於中產以下者，則僅御羊皮、棉襖、夾襖，衣料多用洋布，其用緞葛者，則視爲禮服，非有酬酢不禦，故可多歷數年，然其式樣每致不能入時。竹布長袍爲普通長衣。至於秋冬之服，大概即爲春夏之服矣。勞動界僅於歲朝數日中穿御長衣，餘多短褂一襲而已，卒歲亦無皮襖。至於流氓游民，則身穿短衣，褲管之大倫，腰垂縐紗之潤帶，足穿錦緞之鞋；三五成群，逡巡於街頭巷尾。郵差、電燈工匠，以及軍士、警察，皆有制服；多取中山裝；冬季亦不披裘；以吳下峭寒時候，小過三數日也。」〔註32〕

蘇州是一個開放性的城市，民國初期已經有各種各樣的新型的服裝面料（如嗶嘰、直貢呢、米通紗、蟬翼紗、芙蓉紗等）進入人們的視野，而且款式也由於季節的不同、行業的不同，有了各種各樣的服裝與制服。這僅僅是當時的一個例子，類似的情況在其他城市也都或多或少地存在，共同構築了民國初年的土布與洋布互相映襯的文化景觀。

三、崇尚與非議

民國初建立，有一時期似乎各方面都有浮面的清明氣象。大家都認眞相信盧騷的理想化的人權主義。學生們熱誠擁護投票制度、非孝、自由戀愛。甚至於純粹的精神戀愛也有人實驗過，但似乎不曾成功。〔註33〕以上是張愛玲對民國初期的社會描述，應該說這種敘述文字是準確的，反映了社會改革中人們的期待與憧憬。

在這樣一個時代背景下，中國人的服裝發生巨變，在城市裏這種風氣尤爲盛行：「時裝上也顯出空前的天眞，輕快，愉悅。『喇叭管袖子』飄飄欲仙，露出一大截玉腕。短襖腰部極爲緊小。上層階級的女人出門繫裙，在家裏只穿一條齊膝的短褲，絲襪也只到腰爲止。褲與襪的交界處偶然也大膽地暴露了膝蓋。存心不良的女人往往從襖底垂下挑拔性的長而寬的淡色絲質褲帶，帶端飄著排穗。」〔註34〕

張愛玲還對民國服裝的來源作了獨到的闡述：民國初年的時裝，大部分的靈感是得自西方的。衣領減低了不算，甚至被蠲免了的時候也有，領口挖成圓形，方形，雞心形，金剛鑽形。白色絲質圍巾四季都能用。白絲襪腳跟

〔註32〕 《蘇州風俗》第74～75頁，上海文藝出版社1989年版。
〔註33〕 張愛玲《更衣記》，原刊1943年12月《古今》半月刊第34期。
〔註34〕 張愛玲《更衣記》，原刊1943年12月《古今》半月刊第34期。

上的黑繡花，像蟲的行列，蠕蠕爬到腿肚子上。交際花與妓女常常有戴平光眼鏡以爲美的。舶來晶不分皀白地被接受，可見一斑。〔註 35〕

20 世紀初，人們崇尚的是西方穿著。男人穿的是西裝，女人則裝束翻新，穿短衣，〔註 36〕梳劉海，完全與傳統不同。《婦女時報》第 9 號（1911 年）上有幾組結婚時的照片：1、男子穿西裝，中長大衣，右手拿高頂帽，左手拿手套。女子穿白色衣服，披白紗，手持鮮花。2、詩人程殊曼與琳娘結婚時的攝影：他穿的是傳統禮服，腳穿蚌殼棉鞋。3、軍人穿軍服，女子穿高領衫，下著繡花黑裙，足穿皮鞋。

在包天笑回憶錄裏，就記載了一個穿著西裝卻戴著土耳其帽子的不倫不類的報館工作人員的形象：「這個陸鏡若，卻有些怪狀，雖然芽穿了一身西裝，卻戴了一頂土耳其帽子。那帽子是深紅色的，有一縷黑纓，垂在右邊。上海這個地方，雖然華洋雜處，各國的人都有，除了印度人頭上包有紅布之外，像戴這樣帽子的人很少，所以走進時報館來，大家不免耳而目之，他卻顯得神氣十足，了不爲怪。他的年紀不過廿二三歲，到底是世家子弟，又是文科大學生，溫文英俊兼而有之。」〔註 37〕

穿著西裝是當時的一種身份的象徵，特別是在上海文化界這種情況更比比皆是。

通過衣帽，可以看出人的精神狀態。在當時上海的知識界中，穿西裝已經是很普通平常的事情，非常受歡迎。「洋服似將成爲世界普通之裝束。各種族各階級之人民，均用洋服。君當知輿論以爲不著洋裝，即不文明。」那時候在上海，不但有人大膽地穿上了西式男女服裝，同時有人大膽地戴上了巴拿馬禮帽。那時候，一頂正牌巴拿馬禮帽售價是大洋 10 元。買不起的，只好買仿製品，售價僅爲 4 元。看來，上海服裝能夠在大陸領風氣之先長達數十年，是有其歷史淵源的。〔註 38〕

那時候的西裝不是大眾化的服裝，價格之高往往是普通中國老百姓的服裝的數倍，一般民眾很難承受這樣的消費。

〔註 35〕 張愛玲《更衣記》，原刊 1943 年 12 月《古今》半月刊第 34 期。
〔註 36〕 有首民歌是對當時短衣最形象的注解：「新式衣衫孰剪裁，這般窄小不應該。倘逢腹內孩兒大，鈕扣全然鈕不來。」《滬諺外編》第 207 頁，上海古籍出版社 1989 年版。
〔註 37〕 包天笑《釧影樓回憶錄》，山西古籍出版社、山西教育出版社 1999 年。
〔註 38〕 吳國英《1918 年的上海社會風情》，《炎黃春秋》2005 年第 3 期。

「近時更有崇尙西裝者一衣之費,較華裝逾數倍,且非及時者。蓋西國時時更新,轉展變易,流傳至東方,不適時尙可知矣。何苦棄祖國之儀容,撿他人之唾餘。昔有人告予曰:『我國女子學西文者,頗不乏人,但語言文字稍精者,莫不改西裝。衣西裝,操西語,崇拜耶穌,此乃添一西人耳,於我國何益。』此言發人深省。若游學外國,進彼學堂,固不得不改裝,至學成返國,則仍爲華裝爲宜。」〔註39〕從這裡,可以知道人們喜歡穿著西裝已經成爲普遍的現象,即使西裝的價格遠高於「華裝」,也在所不惜。其表現出的是不僅是一種崇洋的文化心態,而且也是一種無法阻擋的社會潮流,在這一時期表現得尤爲突出與鮮明。

西裝不僅價格昂貴,而且還會引起有些人的不滿,甚至成爲比普通服裝要多消費。鄭逸梅曾經在其《妓女與洋人喝的綠茶碗》一文,就記載了人們歧視西服的遭遇:

> 當上海買辦階級初露鋒芒的時候,社會上一般的人都瞧不起他們,曉得他們是幫外國人銷洋貨的走狗,把中國金錢送往外國去的壞人。看見菜館中戲館中都是他們的市面,更令人側目。大家心中憤憤,恨不得報復他們一下。他們每夜在戲館中看戲,還要叫局,有時更闊氣,索性請妓女來看戲。於是戲館主人定下一個規則來,凡是妓女坐下來,不論出局還是請來看戲,戲票都要加倍算賬。而且在園內各處柱上貼著「妓女加倍」字樣。好在買辦們都是洋盤,多花幾個錢也不在乎,錢花得越多越是顯得闊氣。而戲館方面,總算對於這一班洋奴,小小地警戒了他們一下。

不料買辦們索性請洋人到中國戲園中來看戲了。洋人本來不懂什麼中國戲,無非是洋奴孝敬主人罷了。戲園方面見他們變本加厲,便再來一個洋人戲票加倍,叫買辦再加重一些負擔。

妓女、洋人戲票價錢不同,招待必須有個區別。普通觀眾都用白茶碗,獨有妓女與洋人一律用綠茶碗,以示區別。收錢時,照茶碗算戲票。這樣雖然分得清清楚楚,但爭執朗事情也還不免。

特別是那些從外國回來的留學生,船一到上海,往往當夜就要去看戲,不料走進戲園坐定後,送上來的也是綠茶碗一隻,收起戲錢來,要加倍算賬。

〔註39〕任妍幽《論家庭衣食住之當注意》,1915 年 5 月 5 日《婦女雜誌》第 1 卷第 5 號。

與之理論，則回答道：「你看！明明寫著：洋人加倍。」於是來者生氣道：「我是洋人麼？　放屁！」戲園的人便說：「我們也無暇來細查誰是哪一國人。總而言之，你穿了洋裝，我們就當你洋人算賬，沒有二話可說。」這樣的爭執，可以說是常常有的。因為留學生一天多一天，弄得天天吵之不休，戲園方面也覺得不是好辦法。本來是抵製買辦階級的，現在牽連到本國留學生，未免有些說不過去，但又不肯取消這一條規定。

後來有家戲園想出一個妙法，他們把「洋人加倍」改為「洋裝加倍」。遇到留學生不承認是外國人時，便對他說：「我也曉得你是中國人，我們的規定是洋裝加倍，不是洋人加倍，請你不要誤會。」這樣一來，加倍還是加倍，那客人就不能再嘮叨什麼了。

不過後來留學生也有經驗了，他們一到上海，要去看戲的話，便先去找親戚朋友借一件長衫來穿，任你坐在正廳花樓，決不會再花加倍的戲票錢了。

又過了一段時期，買辦階級的氣焰也沒有開始時那麼盛了，而且上海人穿洋裝的又漸漸增多起來。那妓女、洋人加倍的風氣，就自動取消了。〔註40〕

這種將外國人與妓女等而同之、西裝與中裝互相對立的情況，之所以在民國初期存在，其原因在於當時民眾對外國人的不滿，這種不滿以至於連帶到他們的服裝，也成為蔑視的對象。鄭逸梅在說這一段故事的時候，肯定會帶有 20 世紀 50 年代的中國社會主流的意識形態痕迹，但還是基本上比較準確地概括出，西裝在民國初期所遭到的尷尬境遇。

不管怎樣，西裝越來越成為人們喜歡穿著的服裝。除了直接成品進口之外，為了滿足一部分人穿著西式服裝的要求，在報刊上有了專門介紹做男女服裝的剪裁方法。在《婦女時報》第 1 號（1911 年）上就有一篇關於男子袍子的《男服裁法》：

「先將重要名目，開俱如此：

　身長：長短隨身體而定，大約成人所穿者，在三尺半至四尺之間。

　掛肩：極長一尺，遞減至六寸為極短。

　腰長：極調一尺，遞減至五尺半為極狹。

　出手：極長二尺七八寸，遞減至二尺一二寸。

　袖口：極調五寸，或四寸半，或四寸，至三寸半而極窄。

　開風：極調一尺二寸，遞減至九寸為極狹。」

〔註40〕鄭逸梅《上海舊話》第 88～89 頁，上海文化出版社 1988 年版。

在這裡所說的袍子，不是中國傳統的袍子，已經用西式的剪裁方法來進行製作的新的服裝標準。

在女性方面，她們的服裝與男子相比更勝一籌。

《上海婦女之新裝束》一文對此有很精彩的描述：「婦人之妝束最足翻新花樣者，莫如頭髮，即劉海髮一種，亦有種種之不同，有尖者，有圓者，有高者，有平者，今則一律掠起大似雲霧，掃盡見清光。」「日來時尚女子之衣以短爲美觀，向來通例苟非短小者，其至短須在二尺五六，今則通例在二尺一二寸左右，且有短至二尺以內，殊不雅觀。袖短，亦在臂彎，此風以女學界中爲最甚。」「近日婦人所梳之髻，謂之墜馬髻，常在上海者，因已司空見慣，而內地人士之偶來上海者，見之無不詫異，且此種髻由足污衣，於經濟上更無益也。」〔註41〕

在裝飾品中，需要一提的是花邊，這是一種從西方引進來的裝飾物，它可以用在很多地方，做窗簾、臺布等，也被用於衣服的領口、袖口、下擺、褲腿等處，在江南一帶非常流行，特別是在衣服鑲嵌花邊，更是時尚的象徵。因此《上海婦女之新裝束》一文就說：「其最令人痛胃者，莫如近日流行之種種花邊，此物緣於衣之周圍，四五著後，即脫裂不能用矣，而婦女無有不酷好之者，固知商品之與婦女心理誠大學問也。」〔註42〕花邊是一種流行多時的西方引進的裝飾品，爲什麼人們會喜歡，就在於花邊能夠裝飾衣服而使得衣服有另外一種情趣與審美。

這種對於當時社會上崇尚奢華的現象，有人就忍不住呼籲，衣服要恢複本來的功能，並且認爲中國的要比外國的製作方法要好。

「今之人對於衣服忘其目的，而趨於奢侈，以炫耀人目，動人怪奇可勝浩歎。夫衣服爲凍寒而衣非美麗而衣也。俗諺云：『若要愛俏，凍得狗叫。』今人奢侈之深，可見一斑。」〔註43〕

在這一時期，關於服裝的討論十分之多，各種各樣的觀點見諸於報端，可見對當時紛繁多變的服裝文化的關心程度。對於西式服裝進入人們日常生活，一種是抱著容忍的態度，另外一種則是對此現象進行激烈的抨擊，更多的是能夠客觀地對於中外服裝尾貨的差別，關心新的服裝所帶來的種種變化。

〔註41〕 《婦女時報》第 1 號（1911 年）。
〔註42〕 《婦女時報》第 2 號（1911 年）。
〔註43〕 《家庭之組織及其治理法》，《婦女時報》第 19 號（1916 年）。

　　首先，有人將中外服裝進行比較，需要對服裝進行改良，使之更加符合中國人穿著習慣。1915 年 5 月 5 日《婦女雜誌》第 1 卷第 5 號發表任妍幽《論家庭衣食住之當注意》：「衣服之製法，似我國較東西洋爲勝，西式太緊，使肌膚束縛不舒，束式太寬，非但寒風透體，於作事上亦不得便利，是以近來漸漸改良，袖小身短，裙腰襞積，甚適當便。我國將來須先由各學校服裝一致，始可漸漸推及眾用耳。」

　　還有的從現代科學的角度來關注當時服裝的文化。

　　例如從衛生的角度：「衣服第一要有益於衛生，綾羅綢緞不能洗滌，即不宜爲家常之服，家常之衣服，無論男女，以布爲是，外國織之呢，亦可參用。」〔註 44〕在《衣服之保存法》一文裏，作者認爲：「衣服爲保體章身之要具，於容儀衛生諸方面，俱有密切之關係，必以清潔美觀爲貴，故吾人當注意整理之。」〔註 45〕在《理想的家庭模範》一文裏，更從生理的角度來教導：「衣服貴清潔不貴奢華，貴適合，不貴奇異，其格式宜稍大，勿過於壓迫致運動不便，妨礙諸器官之發育，且兒童之衣料萬不可用綢緞爲主，但求清潔樸素而而已，手足宜多露現於外面，使養成將來儉樸耐苦之好習慣。」〔註 46〕「衣服所以蔽體，亦當一日不可缺者，但內笥所陳，只取其衛生有益。」〔註 47〕

　　還有的從洗滌、晾曬、折疊、收藏等角度來強調對衣服的保養：「洗滌而尤須求所以保存之者，俾其質料花色，可經久而不損。欲衣服能耐久實用，調製之時，當擇織物之質料堅實，顏色不易褪減者。常著的衣服既脫，勿即折疊，可掛之於木施或竹竿晾之，或迎日光曝之，使所自人體及周邊吸收之濕氣得以散除，而致乾燥，再刷除灰塵，察其有無破綻處，以便即時補綴，然後納置之。不常著之衣服，每年宜選空氣乾燥之時日，取出曝曬，毛織物及皮衣，尤宜時時曝曬之。凡曝曬以秋間爲最宜，春秋兩季，亦可行之，夏日空氣含有水分，易得濕氣，鮮麗衣服，直接曝於日下，易褪色，皆須注意。」〔註 48〕

〔註 44〕　任妍幽《論家庭衣食住之當注意》，《婦女雜誌》1915 年 5 月 5 日第 1 卷第 5 號。
〔註 45〕　《衣服之保存法》，《婦女雜誌》1915 年第 1 卷第 6 號。
〔註 46〕　《婦女時報》第 5 號（1911 年）。
〔註 47〕　江紐蘭《婦女宜以儉德爲本》，《婦女時報》第 5 號（1911 年）。
〔註 48〕　《衣服之保存法》，《婦女雜誌》1915 年第 1 卷第 6 號。

還有則從倫理的角度來闡述人們觀念的變化。《上海婦女之新裝束》:「但中國婦女纏足風盛時,無論何履必自製,且彎弓藏諸裙底下,往往不使人見,自提倡天足後,漸臻大方,無此羞澀之風顧,往往履不自製,購諸肆中,且有在廣眾脫履露足以試履之大小者,此亦矯枉過正之道歟。」〔註49〕這裡,除了說的是人們對於纏足認識的改變,從其潛臺詞中,也可以看出婦女的鞋履過去是自己做的,而現在則從商店裏購得。這種變化,客觀上也為人們觀念的改變提供現實的基礎。

以上就是用現代科學視野審視服裝的結果,這是社會進步的一種表現,只有到了20世紀科學十分昌明,才會有對服裝文化產生巨大影響,才可能使得人們的服裝觀念極其做法發生根本性的轉變。

眾所周知,由於西方文明的影響,中國人的觀念發生變化,從而形成奢華的穿著習俗,並從城市蔓延到農村,從沿海滲透至內地。

《婦女時報》第4號(1911年)發表了葉聖陶的文章《論貴族婦女有革除妝飾奢侈之責》。在此文裏,葉聖陶提倡節約。同樣普通老百姓家裏節約的情況歷歷在目:「余家服飾器用之費,服飾不及器用費之半,蓋十餘年來,衣常甚少新製者,多以舊者改製,履則自製作,未嘗購諸市。偶然添置新服,亦皆布衣,率自為之。裁縫工資每年數千文耳。十年之間,衣服之費,至多亦不過三五百元。」〔註50〕這裡可以看出,這戶人家雖然也不停添置衣服與鞋履,但是都為舊衣改制,且大多數是自己動手做的,因此花費甚少,符合中國人以節儉為美德的傳統。

為什麼會提倡節約,因為當時彌漫著奢華之風,衣服講究綺麗,是非常普遍的現象。在《上海婦女生活之調查篇》一文裏就說:太太、奶奶、小姐、姨娘「大都出於闊官巨紳富商大賈之家,平日鮮衣豐食,居則華屋,出則軒車,非不侈然樂也,而不塗脂抹粉,弓鞋纖足,其身體既不自由又無普通生理衛生知識。」〔註51〕因此,有人大聲疾呼:「奢華之習似宜革除也」。「衣不必錦繡,而宜潔淨,食不必珍饈,而宜清淡。蓋衣尚潔淨者崇德之基,食尚清淡者,養生之素。」〔註52〕

〔註49〕 《婦女時報》第1號(1911年)。

〔註50〕 《余家十年之狀況》,《婦女時報》第21號(1917年)。

〔註51〕 《婦女時報》第5號(1911年)。

〔註52〕 《對於近世婦女界之針砭》,《婦女時報》第17號(1915年11月)。

　　江紐蘭《婦女宜以儉德爲本》說：女界「雖豪侈自雄，亦僅屬個人支絀耶，然則儉爲盛德，固合世界中人。家國中人，均當守此宗旨。」〔註 53〕這種以勤儉爲本的傳統觀念，顯然代表著一部分中國人的想法，也得到社會的認同，在當時來說，這種觀點是有一定的市場的。

四、基礎與發展

　　民國初期，中國服裝較之晚晴有一定的發展，除了政治、經濟、社會等原因之外，還在於服裝以及與之相關的行業的進步。

　　一是，棉紡織業以及貿易有了長足的發展。

　　有專家研究：以棉紡織業爲例，1914～1919 年期間上海華商紗廠的紗錠數增長了 34%，在 1920～1924 年期間繼續增長了 123%，在 1924～1929 年間又增長了 20%。上海華商布廠的布機數在 1919～1931 年期間共增長了 293%。以企業來分析，1915 年榮氏兄弟在上海開辦了申新第一紡織廠，1916 年時棉紗產量爲 3584 件，1917 年時增加爲 9723 件，同時增設布廠，購置布機 350 臺，生產棉布 29002 匹。1918 年共生產棉紗 9811 件，又增添布機 250 臺，棉布產量增加到 128719 匹。第一次世界大戰結束以後，申新企業又乘全國各地掀起的抵制日貨運動的熱潮，增加生產，企業業務繼續發展，不但老廠繼續擴建，而且還發展了不少新廠。上海的絲織行業同樣也獲得發展。1910 年時上海的華商絲廠數爲 46 家，1919 年時增加到 65 家，在 1929 年又增加到 104 家。絲車數量 1918 年比 1914 年增加約 4000 臺。〔註 54〕

　　在大工業的背景下，農村手工藝作坊式的紡織品製作，已經沒有太多的生存空間而日趨萎縮。「光緒中葉以後，開拓市場，機廠林立，丁男婦女赴廠做工。男工另有種花園、築馬路、做小工，推小車，女工另有做花邊、結髮網、幫枯紙錠、幫忙工。生計日多，而專事耕織者日見其少矣」。〔註 55〕

　　這時候，我國紡織工業的興起，特別是上海的紡織廠如雨後春筍一般出現，與外國布料大有平分秋色之態。在毛紡織品方面也同樣如此。上海第一家毛紡織廠——日輝織呢商廠，籌建於 1907 年，1909 年建成開工，但困難與外貨競爭，次年即告停閉，迨第一次世界大戰發生，進口呢絨數量銳減，價格上漲，上海絲商沈聯芳等便租下日輝廠，改名爲中國第一毛絨紡織廣復工

〔註 53〕　《婦女時報》第 5 號（1911 年）。
〔註 54〕　張仲禮《近代上海城市研究》第 61 頁，上海文藝出版社 2008 年版。
〔註 55〕　黃葦等編《近代上海地方志經濟史料選輯》，上海人民出版社 1984 年版。

生產。可是，經營數年，仍未見起色，其原因在於產品質量粗次，不適宜製
作西裝，故銷路甚窄。滬產絨線及駝絨倒很適合消費者需要，1919 年後有維
一絨線廠以及先達、勝達、緯綸等駝絨廠開設。所產駝絨質量上乘，價格遠
比進口貨便宜，產銷兩旺，至 1930 年已將進口貨逐出市場。〔註 56〕

　　上海之所以成爲民國初年，紡織工業發達的地區，因爲這裡是中國棉花
的集散地。

　　上海爲棉花總聚散地，輸出於日本甚多，其種類除通州棉、寧波棉外，
以上海棉爲最著。上海棉概出於附近之地，如上海縣、奉賢縣、南匯縣及沙
廳等處是也。其出貨常以竹籠或麻袋藏之，由小艇搬運。通州棉爲通州、海
門、崇明等棉之合稱，占上海棉花中之多額。其航運至滬時，侮因裝載之法
不善，途中一遇風浪雨雪，則徹底浸濕，故通州棉含水氣獨多，不及上海棉
之爲社會所歡迎也。至於寧波棉則不至是，買客購是項棉花者，恒審定上海
之市況，乘汽船百往其他交易，即以汽船運棉至滬，甚爲便利。上海棉花分
南北兩市，每年所估價值達五百萬兩以上，南市有花衣街，爲棉商集聚之處。
該市之販賣，以內地爲大宗，日本次之，其市上所定計值之本位貨幣，南市
主銅錢（今亦主銀兩）、北市主鷹洋或銀。〔註 57〕

　　由於四面八方的棉花一齊聚集到上海，除了供應出口外，也有好的棉花
原料來提供紡織加工，特別是上海本土的棉花更是被人看好，成爲紡織品加
工不可缺少的好原料。

　　儘管如此，紡織所用的棉紗，依然是以日貨爲上，其價格雖高，但還是
受到歡迎。「我國棉紗銷場以北部及長江一帶爲歸宿地，而其總聚散之區則爲
上海。顧各地所喜用之貨色不同，故由上海輸送於北者以十手及十六手裝爲
主（十二兩結爲一束，即名「一手」），輸送於長江一帶則十六手及二十手裝
居多。特與日貨競勝者有印度紗及上海妙，至英紗概皆三十手裝，質良而色
潔，縷細而力強，爲市面之上貨，雖其價格較高，與日貨亦不相妨礙。又日
紗之輸入於上海者，十六手裝獨優，二十手較次之，印紗則十手或二十手裝，
上梅紗則十手或十四手裝。長江沿岸之地，每喜十六手裝右撚，故近來上海
紡織公司專造此貨以爲抵制，即印度紡織廠亦仿日貨所執長之十六手裝右
撚，運入上海射利。其物外觀頗佳，質盆合度，價亦較日貨廉二三兩，但織

〔註 56〕張仲禮《近代上海城市研究》第 266 頁，上海文藝出版社 2008 年版。
〔註 57〕陳伯熙《上海軼事大觀》第 184 頁，上海書店出版社 2000 年版。

工不善右撚之手法，往往於來貨中雜左撚者以充數，而受貨之家不知其弊，每立約定購及上機使用，以向不習於左撚，動作之際殆多窒礙，因此印紗之銷路遂塞。按上海各廠之織造土布，恒以紡織線爲經，而以右撚之手操線爲緯，日本能投其所好，故價格略高反能廣銷，是以對於上海各機房儼有專利之勢焉。」〔註 58〕

　　這種紡織的進步，提高布料的出產，也爲服裝提供了更多的選擇。

　　民國初期，襯衫市場上，洋貨獨佔鰲頭，充斥市場，中國的襯衫幾乎都是洋貨，國貨只有中國內衣公司的 ABC 牌襯衫一枝獨秀。有位叫傅良駿的人，萌發創設中國內衣廠的想法。恰好其表弟曾經在日商都屋內衣店做過，對於縫紉內衣有一套技術，二人一拍即合。在法租界呂班路（今重慶南路）顧家弄 10 號開設一家小型工廠，只有六臺縫紉機，十四個工人。傅良駿擔任經理，親自採購原料，銷售成品，廠名爲新光標準內衣公司，開始製作新光牌內衣和襯衫。不久，有個葡萄牙人名叫葛第斯商人委託新光廠代製骰子牌襯衫，冒充舶來品。傅良駿答應，接下訂單，努力製作，很快在西人中有了一定的市場。葛第斯又反過來介紹霞飛路上的一家專門銷售日用品的華安百貨公司代銷新光牌內衣，並在製造技術等方面給予指導，新光廠獲益匪淺，營業量越來越大，規模也越來越擴大。〔註 59〕

　　襯衫的出現，改變了人們穿著傳統對襟衫的習慣，不僅如此，隨著西裝穿著的需要，襯衫的需求量也越來越大。

　　再者，大城市衣服商鋪的開張，爲人們的衣服、鞋帽等商品選購有了更大的餘地。在上海等地，就有了這樣一批鱗次櫛比的服裝商鋪，而且也有了名牌店鋪：

> 剪料自裁而欲趨時髦，著花式、顏色者，自必枉顧大綸、大成、天成、老九章等巨店。而此十數家巨店，首推老介福，以顏色、花式論，較他家稍覺時髦，貨色亦較勝一籌，其次老九章（此指其未移大馬路時、在棋盤街時代言，今亦非昔比矣）；閃光、提花等料，大盛最多，天成次之，餘則不相上下。以價值言，平時公定價目劃一，苟有一新開綢緞鋪出現，則互跌其價以競爭。大馬路一帶之綢緞鋪

〔註 58〕　陳伯熙《上海軼事大觀》第 185-186 頁，上海書店出版社 2000 年版。

〔註 59〕　黎霞《舊上海襯衫業翹楚──傅良駿》，《檔案與史學》1995 年 6 期，第 60 頁。

即跌亦微細，二馬路一帶之綢緞鋪較平時定價可以短少九五或九六折扣，至多九七，至少九二。三馬路一帶之稱緞局者，專做外埠小店批發，如爲熟人購底貨則較市面便宜不少，若無熟人則可不必往購，蓋此種緞局本不甚注重門市。此指著緞言，若著綢或綢，則託熟人在後馬路一帶之絲莊中人，由出產所購白胚（起碼一匹，另剪則無）論定價目，然後加染，外表不甚好看，而實用則勝多多矣。

〔註 60〕

在很多的商鋪面前，人們購買服飾的時候，往往會產生購物的衝動，以致被不良商鋪所騙，因此要注意：

「著布或洋貨則大致彷彿，在購物者之精與不精，惟招牌上有特別標識，或「賤價出售」，或「一言無二價」等字樣，必轉較他家爲昂貴，宜留競也。」「英界之洋貨店，首稱石路豐泰，其次瑞盛，法界公館馬路一帶之洋貨店性兼售秋莊夏布者，貨色不甚多，時有缺乏之虞，其價則少廉也。惟招牌上盡書劃一，苟遇善沽者，亦有還價。」〔註 61〕

在購買帽子、鞋子的時候，也要多加留意：「帽子老牌，無人不知馬敦和、冠五洲、陳天一三家，此三家之中馬敦和與冠五洲貨色彷彿，價值冠廉於馬，惟有時貨色有變樣之慮，馬定價雖少昂，貨則從未有稍次者，陳則較冠稍遜。」「鞋子三井、三進無甚大特色，或云腳趾不痛，而五馬路之福興立，定製鞋子，較之蘭井等無多讓也，苟論其式樣而欲鞋之堅固，則城內陸祥雲之雲底白紙底鞋是其選也。」並且還告知購買者，「餘如大衣、雨衣等，不必定在何瑞豐、何恒豐等預定，苟有熟人，由紅幫裁縫包辦，式樣、貨色亦未必遜於字號店家。」〔註 62〕

當然，有的地方，千萬要當心：四馬路西自石路、東至望平街一帶之緞局、洋貨店則萬萬不可請教，大約貨低而價昂，雖有「減價賤售」或「關店拍賣」之招牌，皆騙人上當之一法也。若買現成，曩時以城河派一帶衣莊皆爲原當，且取價極廉，今則四馬路、三馬路間之衣莊亦極正當，惟貨色不盡原當，兼有新做者雜乎其中，購者須留意。而唱喝中亦不若內地之喝包，必屬便宜，五花八門，淆人眼目，有便宜有吃虧也。石路上另有一種寧波小衣

〔註 60〕 陳伯熙《上海軼事大觀》第 84～85 頁，上海書店出版社 2000 年版。
〔註 61〕 陳伯熙《上海軼事大觀》第 85 頁，上海書店出版社 2000 年版。
〔註 62〕 陳伯熙《上海軼事大觀》第 85 頁，上海書店出版社 2000 年版。

莊，專售新貨，如小兒衣服等，則亦萬萬不可請教。做工大約一寸縫三寸，試問尚堪著乎？而料又極次者，苟走上彼等櫃檯，務必成交，且不能還價，苟還價或微嫌其貨色不佳，則聲勢洶洶竟有用武之狀，比見其口角者屢屢也，還是不請教為上策。〔註 63〕

　　關於這一點，當時就有人就對商家弄虛作假的情況作了形象的闡述，並且對此進行了一針見血的批評：「近來上海的市場，簡直可以稱之為減價市場。三馬路一帶，綢緞店裏的減價傳單，和雪片似的，在街頭亂飛。其餘如洋貨店、鐘錶店、眼鏡店，也沒有一家不掛著減價的旗子，登著減價的廣告。再講到那兩家大雜貨公司，從前每年兩次大減價，是有一定時間的，如今卻也減之不已了。像最近這一次的減價，和前次減價期滿的時候，計算起來，中間相隔不過兩星期。然這種情形，大概有非減價不能吸引顧客的趨勢，這可就很不好了。因為減價的效力，是可暫而不可常的。譬如一個人服興奮劑一般，偶服自然可以提神，卻斷不能恃此為養命之具。所以無論何種商店，如果營業不振，專靠減價來招徠生意，斷非久計。那麼換一句話說，我們眼看著這東也減價，西也減價，表面上雖然電燈朗耀，軍樂悠揚，像是十分熱鬧，其實卻就是市面衰落的特徵，很可為商業前途抱悲觀的。」〔註 64〕

　　應該說，在商言商，商家做生意，需要用各種促銷的手段來賺取利潤，這是無可非議的，但是必須要有基本的商業道德，如果用虛假的欺騙的方法來謀取利益，這無疑是公眾所不容許的，也有違社會良知的。

〔註 63〕陳伯熙《上海軼事大觀》第 85 頁，上海書店出版社 2000 年版。
〔註 64〕獨鶴《減價的作用及其他》，見《都市魔方》第 27 頁，東方出版中心 1997 年版。

附　圖

女學生

右襟馬甲的上海婦女

四妓女

穿高領的女子

大襟衣服的少婦

拿扇子的女子

女子與琴

舊式婚禮

纏足女子

乘坐獨輪車的富人

躺臥沙發

長袍馬甲

紡線農家女

民國初期的祭祀服裝

1915 年傳統女性服裝

20 年代（1921～1930 年）
——特徵漸現的服裝文化

　　到了 20 年代，社會較之前 10 年有了很大的進步與變化，人們已從封建社會的禁錮中走了出來，開始進入一種新的生活狀態。在服裝穿著方面，人們一方面依然與傳統藕斷絲連，另一方面也在努力地尋找新的方向，試圖有個新的發展。

西式婚紗照片

一、儉 樸

崇尚儉樸是中華民族的美德，在服裝方面的表現尤其如此。人們對於衣服沒有過分的要求，只是能夠護體保暖就行。

1929年《靈川縣志》：「士族長衫鞋襪，農工短褪草鞋，無特別之服。俗尚樸儉，鄉少有衣絲者，惟居會城者衣之。」〔註1〕

1926年《赤溪縣志》：「縣屬婦女尤崇尚節儉，不施脂粉，不戴花朵。衣服，夏苧冬棉，自織自染，色皆黝黑，不尚繪彩。衫長至膝，袖不逾掌，質樸無華，操作尤便。」〔註2〕

在這兩則記載裏，可以知道無論是靈川縣還是赤溪縣的衣著都是非常儉樸，人們還遵循小農經濟的自給自足的生活方式，自織自染，很少絲綢穿著，基本服裝延續民國前後的樣式。

戴著珍珠項鏈的女子

在政府裏同樣強調節儉，據說在革命成功之後，「南京市長劉紀文夫人花了二十五元買了一對絲襪，他就大表反對，由胡漢民在立法院會議席上提出彈劾，因此全國報紙也紛紛看出這件新聞。」〔註3〕這裡的「他」就是吳稚輝，是為國民黨元老。吳稚輝習慣過平民生活，對衣食住行都不顧裝模作樣，所以住的時代簡陋非常，曾經在廣東路的滿庭芳一個貧民窟中住了兩個月，每個月寄宿費是銅元三枚，同住的都是販夫走卒，或是搬運工人等。〔註4〕如果僅靠吳稚輝一人的勤儉習慣是很難在立法院會議上對市長進行彈劾的，而因為當時政府講究一種清廉、節儉的風氣，一旦違背這樣的風氣當然要遭到非

〔註1〕 《中國地方志民俗資料彙編·中南卷》下第995頁，書目文獻出版社1991年版。
〔註2〕 《中國地方志民俗資料彙編·中南卷》下第820頁，書目文獻出版社1991年版。
〔註3〕 陳存仁《銀元時代生活史》第171頁，上海人民出版社2000年版。
〔註4〕 陳存仁《銀元時代生活史》第171頁，上海人民出版社2000年版。

議與彈劾。

1921 年廣東增城縣的服裝依然古樸：「衣服不求甚都。紳士之里居者多御布素，惟祭謁必備禮服。山澤之叟，私製衣以表異，輒繡福字於其上（此俗，今日已罕見），色或上綠。婦女多曳裙，舊多裹足，務為纖小，以相誇炫，近日此風逐革。」〔註 5〕

這裡，所說的服裝雖然沒有太多變化，但是傳統風氣已經逐漸慢慢的改變。例如婦女穿長裙，裹小足，相互炫耀的習俗，「近日此風逐革」，就是明證。

當然，在一些地方的服裝的變化是很大的，而這些變化與社會的進步緊密相關。1933 年甘肅《華亭縣志》記載：「民國四年，大禮冠服，袁世凱改用周制，不合時宜，未幾即廢。民國十五年後，婦女裹足之風漸革，金銀首飾、繡衣繡革，多不時尚，衣裳身袖漸寬，女冠亦出，覆帕亦少，服裝日趨樸素。」〔註 6〕這裡，說了幾層意思：一是袁世凱想利用舊的封建社會的服裝模式，是不適時宜的做法，肯定會失敗。二是 1926 年以後，廢除天足，婦女得到解放，可以自由地佩戴各種各樣的服飾。三是在華麗表現之後，服裝會自然地日趨樸實，這是一種生活的規律，特別是在被

執花女子

長期壓抑之後，非常想自我表現一番，將所有美麗值錢的東西佩戴在身上被認為是一種時尚，但是過了一段時間，人們就會發現其實這種裝扮的十分幼稚的，於是就又恢復常態，這就是服裝周而復始的變化規律。

服裝不僅是用來穿著的，而且還承載著中華民族的文化與願望。在很多地方，當新生兒誕生的時候，人們會用長輩的舊衣服進行改製成為新生兒的

〔註 5〕 《中國地方志民俗資料彙編・中南卷》下第 694 頁，書目文獻出版社 1991 年版。
〔註 6〕 《中國地方志民俗資料彙編・西北卷》第 175 頁，書目文獻出版社 1989 年版。

衣服，象徵著能夠增福添壽。《靈川縣志》1929 年：「小兒初生，以前輩高年近體之衣改裁與服，使近壽氣且惜福也。」〔註7〕在婚禮方面，一方面有了穿著西裝的西樂隊，另外，也有了與此並存的古樂隊，大人穿著長衫，兒童穿著明代的服裝：「平民嫁娶多用花轎。轎前鑼鼓為道，稍裕之家，且佐以音樂。樂隊分二種。古樂與西樂。西樂隊衣西裝，或作外國官長服。古樂隊分大人與童二種。大人穿長衫，童子即穿明前朝服，冠冕堂皇，煞是好看，結婚地點多數假酒樓或旅館。」〔註8〕

這種新舊並存的服裝民俗，更多地寄託了中國人對未來的希望與理想，表現了中國文化的博大精深，和不斷進步發展的文化內涵與民俗樣象。

二、模　仿

20 年代，人們在崇尚儉樸的同時，也開始模仿新潮，用新的思維觀念與服裝形式來裝扮自己的生活。

模仿可以分為兩個層次：一個是城市模仿西洋，還有一個是縣城模仿城市。

1、城市模仿西洋

如在上海，講究穿著已經到了無以復加的地步，即使家裏沒有隔夜糧，也要穿得非常光鮮：當時「上海有句俗話：身上綢披披，家裏沒有夜晚米。所以上海男人在外面穿綢著緞，而家裏窮得嗒嗒嘀的，著實不少。」〔註9〕

由於外表的光鮮，往往會被認為是有錢人，特別是在上海重要的路段，會成為買賣「論價」的一個標準。「上海除冬天外，頗多白玉蘭、茉莉花，皆來自蘇州。婦女多用簪衣襟。南京路先施公司門口，有許多賣花女，但索價極貴。洵瞧客人衣冠論價。大抵每白玉蘭二支需五六銅板。」〔註10〕

很顯然，由於衣服的光鮮，造成有錢人的印象。不管這種印象，是真實的，還是虛假的，對於賣花女而言，她們都煉就了火眼金晴，誰是有錢人，誰是窮人，一眼就能看穿。她們認定的穿洋裝的都是有錢人，而有錢人會花大價錢買她們的花，只有這樣，她們才能夠賺更多的錢。

〔註7〕　《中國地方志民俗資料彙編·中南卷》下第 991 頁，書目文獻出版社 1991 年版。

〔註8〕　上海信託公司採編《上海風土雜記》第 27 頁，東方文化書局 1930 年版。

〔註9〕　《上海男子的觀察》，《新上海》第 1 期（1925 年 5 月 1 日出版）。

〔註10〕　上海信託公司採編《上海風土雜記》第 26 頁，東方文化書局 1930 年版。

　　有人對當時上海男人盲目模仿西式服裝進行如下描述：「上海的男子，因爲穿西裝太多，對於外國人的習氣，也就沾染了不少。對人說話時，兩手插在褲袋裏，兩個腳尖兒，時時點起放下，作傾身向人之狀，手中弄著褲袋裏的銅元銀元銀角子，鏗鏗鏘鏘的響著，口中問答「是」時，不說「是」而是哼哼作聲，這都是外國脾氣，在下總覺得看不過，受不了。」〔註11〕

　　這些上海男子不僅模仿外國人的樣子，而且也在穿著方面儘量做得像西方人一樣時髦，就連襪子、皮鞋都打扮得漂漂亮亮：「有人來問我道：常見一班時髦少年很考究腳的裝飾，對於鞋襪一項，直是不惜工本，一雙襪、一對鞋，貴重的竟值得幾十元。就是普通一些，也定要穿一雙絲襪，裝得雙趺楚楚·像好女子一般。竟有人用粉腳套，把腳縛得尖尖的，令人看起來，娟娟可愛。他們究竟抱著什麼心理？　一答曰：可見這班時髦少年，平日對於女子的心理，很有研究。大凡女子的目光，自下而上，男子的目光，自上而下。男子看人先看頭，後看身，最後看腳，所以叫做自上而下。女子看人先看腳，後看身，最後看頭，所以叫做自下而上。女子怕羞，常常低頭，所以看起人來自下而上。他們時髦少年知道這個意思，腳上的鞋襪，自然要格外考究了。」〔註12〕

　　這種模仿外國人的做法，不僅僅是爲了自身的漂亮，更深層次的原因，是在於男女之間的相互注意，特別是對青年人來說，是一種愛慕的表示。而這種愛慕，對於男女而言，互相審視的角度是不同的：女子看人先看腳，男子看人先看頭，因而就造成時髦男子注重鞋襪的現實結果。

2、縣城模仿城市

　　在 20 年代，縣城模仿城市的服裝，這是非常普遍的服裝文化現象。廣西1920 年的《桂平縣志》就記載了這樣的模仿過程：「婦女衣飾，多仿粵東。三十年前，富者所誇，貧者所羨，輒曰：生綢衫，熟綢褲，實粵派也。光緒之末，始仿吳裝。民國中西雜糅，青春婦女咸短衣長裙，尙爲善變，然當適可而止，不宜再更若今日上海婦女袖不及肘，褲不及膝。」〔註13〕廣西桂平縣是個小縣城，但是他們非常注重學習其他地方的服裝。光緒年間，模仿吳地

〔註11〕　《上海男子的觀察》，《新上海》第 1 期（1925 年 5 月 1 日出版）。
〔註12〕　虞公《社會趣問題》，《都市的魔方》第 18 頁，東方出版中心 1997 年版。
〔註13〕　《中國地方志民俗資料彙編·中南卷》下第 1054 頁，書目文獻出版社 1991年版。

服飾，到民國初期，青年女子帶頭穿著新潮服裝，20 年代她們模仿上海婦女的服裝，使之「袖不及肘，褲不及膝」，與地方服飾形成很大的反差。

這一記載，反映了那個時代中國南方縣城服裝的流行變化，而這種服裝變化，不僅僅反映的是一個地區的服裝變化，同時它也有普遍的社會意義，反映了中國其他地區服裝的進步與發展軌迹。

由於上海的服裝走在時代的前面，因此吸引許多想外地人來上海，並且希望自己融入這樣的生活之中。在《上海男子的觀察》一文裏就說：「上海彷彿是一隻熔化人的洪爐，一切風俗習慣，便是這洪爐中的木柴煤炭，最熔化人的。但瞧無論那一省那一府那一縣的人，到了上海不須一年級會被 上海的風俗習慣所熔化，化成了一個上海式的人，言與行二大條件，都變成了上海式，至於一衣一履之微，那更不用說了。說也奇怪，不但本國人容易上海化，連碧眼虯髯的外國人，也容易上海化，他們遠迢迢的到上海，不多時自會變成一個上海式的外人。」〔註14〕

在追求時髦方面，女子一點也不遜色於男子：「上海的時髦女子，發明了愛司髻雙鬢球橫愛司髻，內地的婦女，便爭著效尤了……上海二三年前，流行一種嗶嘰，內地的男女，穿嗶嘰衣裳的竟占大部分……上海人穿的鞋子流行了方口的，內地便也行了方口，上海改行尖頭，內地便連忙移轉蓬舵，改造尖頭了。現在上海的鞋子，又變了圓頭，內地也受了影響，漸漸地效尤了。」〔註15〕

本土模仿西洋的服裝，這是國門被打開之後，西方文化對中國本土文化的影響。這時候的模仿西式服裝已經是一種自覺的行爲，而非被動的被強制的舉動。

根據《高臺縣志》1925 年記載，在甘肅地區的人們，從穿著傳統服裝轉向以洋布爲主的西式服裝：「村民多衣本地織布，冬日多以老羊皮爲裘；中產家，間衣洋斜梭布，近衣鴉緞或泰西寧綢；巨紳富室，始裘紈綺。女服，城市競華靡，服紈綺；鄉婦則衣洋布與織布。」〔註16〕這裡，可以看出不僅是有錢人追求外國的面料，普通的老百姓也開始穿著洋布衣衫，這是社會發展的一種表現。

〔註14〕《新上海》第 1 期（1925 年 5 月 1 日出版）。
〔註15〕范佩史《樣本的上海》，《新上海》第 1 期（1925 年 5 月 1 日出版）。
〔註16〕《中國地方志民俗資料彙編‧西北卷》第 227 頁，書目文獻出版社 1989 年版。

　　不僅如此，在福建等地，人們服裝款式、打扮方式以及與面料都隨著時代的變化而發生改變。1929 年的福建《同安縣志》記載：「男女常服皆尚長，而今尚短；普通多以棉布爲之，今則衣絲綢、呢絨、嗶嘰者日多，一套衣服可抵中人一家之產。帽，士人及商家多戴瓜皮貢緞帽，庶民則以布節纏首；今則夏涼笠，而秋呢帽（俗名『招瓢』）。履，昔多雙梁布鞋，鑲雲緞鞋惟士紳服之；今則以革履爲雅觀，而且眼戴金邊鏡，手執鑲金杖，此風倡自學堂，謂此不足稱時髦也。」〔註 17〕這種西裝革履，「眼戴金邊鏡，手執鑲金杖」的裝扮，在一些地方被認爲是非常時髦的打扮。由於這種巨大的文化差異被記載下來，是不無原因的。

　　在同安縣，男子時髦，女子同樣也注重打扮。1929 年：「婦女出門，向多以帕冪首，闊袖，執紅漆杖，左宗棠曾稱爲鄒魯遺風；今日潮流崇拜文明，禿襟窄袖，短裙，攜洋傘。今則並此而陋之，遂以短袖齊腰，絲襪革履，竟稱雅觀。」〔註 18〕

　　同安縣是一東南沿海縣城，東南臨海，面對金門，是較早開放的地區，因此也很容易接受西方文化，其服裝更加容易吸收外來文化的元素就變得理所當然了。

　　人們在衣服改製成爲新式的服裝之外，而且還在頭髮上綴以各種飾品，與整個衣服打扮協調起來。在閩清縣就有這樣的風俗：「衣制，男女服飾，布帛相間，履多絲屬，時易新式。首飾亦尚珠翠。」〔註 19〕

　　事實上，20 年代服裝文化存在著許多方面的巨大差異。

（1）農村與城市的差異

　　在蘇州，「春季，女服所用之衣料，大概與女子所用著彷彿；但顏色尚淺。袖大而短，身緊而角圓。夏衣領多開成雞心形。直衽，左衽，亦曾盛極一時。下曳長裙。冬季內襯粉紅蘋果色絨線衫子，外披緞呢斗篷；或御旗袍，外罩長坎肩。外衣紐扣，多用金球、珊瑚，或用軟紐。項圈絨線圍巾。三四月間，易夾而單，去斗篷，長坎肩，以紡綢圍巾代絨線製者，曳綴葛裙者，易紡綢

〔註 17〕　《中國地方志民俗資料彙編‧華東卷》下第 1234 頁，書目文獻出版社 1995年版。

〔註 18〕　見《同安縣志》，《中國地方志民俗資料彙編‧華東卷》下第 1234 頁，書目文獻出版社 1995 年版。

〔註 19〕　1921 年《閩清縣志》，《中國地方志民俗資料彙編‧中南卷》上第 1225 頁，書目文獻出版社 1990 年版。

者矣。三伏中，多御短衣；衣葛布長袍者，尚屬寥寥者。上衣用米通紗、夏布、玻璃紗等；內襯粉紅小坎肩，月牙其領；北里姊妹，更懸金鎖片子於衫中，與雪肌相映。下曳紗裙，襯以湖綠色內裙。裙多無襇，以寬緊帶收其腰口。其仍用裙帶者，在城廂中，恐百不得一者矣。秋冬衣服，與春秋彷彿，惟式樣更變而已。其衣料皮統，與男子用者亦相同。惟圍巾多用全隻之狐而已。服中山裝、西裝、和裝者，亦有時可見。經商人家婦女，遠不逮富家姬妹之十一，大都一領裘襖，用以卒歲；家居不禦裙，其質料總爲紡綢、絲紗而已。女工多罩竹布衫子，亦自用各種印花洋布者，終年不束裙，隆冬亦鮮有披裘者。」〔註20〕

但在農村或者小縣城裏，人們的穿著就有顯著的差距。1921 年《鳳城縣志》載：「婦女四時粗布長衫，寒則衫內著襖，外套短褂，布鞋不繡，纏足者十無二三；惟城市衣短而裙幅，間用綢緞，然多宦家女子及入學校者，所處地位不同，故另有文明裝飾也。」〔註21〕這種農村與城市的差距，不僅表現在穿著的樣式，而且還表現在衣服的料子方面。

在東北地區，農村的「婦女服裝，亦隨人而異。大抵鄉間人家多屬務農，其婦女操作農事，四時惟著舊式粗布大衿（衫）及大小襖而已。城內則較爲時髦，而學界中及宦家婦女更復短衣著裙，爲文明之裝束。至於首飾，名色繁多，金、銀、銅質不等，爲舊式妝者戴用，否則多不戴用焉。」〔註22〕從這裡，可以看出由於勞作的不同，就決定了他們的服裝款式是不同的，農村的服裝更便於操作、而城市的服裝則更多滴偏向閒暇之用。

當然在有些地方，縣城之間服裝卻沒有很大的差異。如在東北地區，縣與縣之間的服裝沒有太多的差別。1926 年《雙城縣志》：「縣人服裝同於他處。而隨時隨人，原無一定。上者，率用絲織、毛織、麻織等品，如綢緞、呢絨、紗羅、夏布之類製衣，並以時另備外氅，冬日更著皮裘，披圍領。最普通者，則以棉織品之各種布製衣。冠，則夏草帽，冬皮帽，春秋緞，或絨、或布製帽頭及西式氊帽。履，則冬棉與氈，餘悉夾，亦多革製者。服裝間有洋式者，然不多觀。其禮服及軍警、學生服裝，則各遵定制。至農工勞動者流，無論何時大都藍布短衣。夏戴笠赤足，冬戴白氊帽，足著烏拉。烏拉亦作靰鞡，用整塊牛皮爲之，著時內實烏拉草（東三省特產之一種草名）。行冰雪中足不

〔註20〕 《蘇州風俗》第 75 頁，上海文藝出版社 1989 年版。
〔註21〕 《中國地方志民俗資料彙編·東北卷》第 178 頁，書目文獻出版社 1989 年版。
〔註22〕 《中國地方志民俗資料彙編·東北卷》第 423 頁，書目文獻出版社 1989 年版。

知寒。故有『關東三樣寶，人參、貂皮，烏拉草』之諺也。腰中恒帶煙袋及荷包，以嗜煙故。其有蓄髮辮者，偶或見之，則群以爲怪云。」〔註23〕

　　在大多數的農村，人們都是小農經濟，自己紡紗織布，縫製衣服，體現出自給自足的生活習俗。1928 年《大竹縣志》記錄了一首《績麻歌》：「績麻績麻，領家好女娃。人家男兒多無用，他家女兒最堪誇。十指分五股，兩手作雙叉，春雨前便摘茶，夏雨後使種瓜，舍南竹，能造紙（紙廠焙紙多用女工），舍北棉，能紡花。繡字常添線，繰絲不停車，更有丘中麻三季，女工因此勤有加。夜引麻成團，日接麻成紗。頭麻織布好，二麻紡線佳，三麻結繩亦不差。籲嗟兮！仲子織履妻闢纑，廉士有偶故成家。」〔註24〕從中反映了農村關於紡織麻布的眞實情形。

（2）富裕者與貧窮者的差異

　　在富裕者與普通勞動者有著很大的距離。根據 1922 年《南江縣志》記載：「富貴之家，裘葛以時，其餘則大布之衣蔽體而已。間有衣文錦者，用之賓客、祭祀，不常服也。男女多以青布、白布裹頭。農民終歲草履，士族襪履，恒有婦女自製，鮮有購自坊間者。」〔註25〕1929 年《珠河縣志》：「富民夏絹冬裘，時冠革履；婦女短衣著裙，裝束新式，兼有剪髮者。此僅限於城市。若鄉村之民，仍著布衣、靸鞋，篳路藍縷，尚不失勞動本色。」〔註26〕這種服飾的不同，是經濟地位的不同所造成的，富裕者的服裝往往都季節的變化而變化，而勞動者的服裝則更多體現出其功能性的價值。

三、改　良

　　改良服裝，在 20 年代同樣成爲人們討論的焦點。所謂改良服裝，一是對於傳統服裝批判，從中繼承民族優秀的服裝文化；二是對於外來服裝的批判，主要是對不顧一切吸收西式服裝的做法提出質疑。

　　改良服裝，除了對傳統服裝提出批評外，首先需要的是設計出符合時代特徵的服裝。在這方面，孫中山身體力行，先行做的模範。據說，辛亥革命後，孫中山先生曾在榮昌祥定制過幾套西服，穿看滿意。有一次孫中山帶來

〔註23〕　《中國地方志民俗資料彙編·東北卷》第 423 頁，書目文獻出版社 1989 年版。
〔註24〕　《中國地方志民俗資料彙編·西南卷》（上）第 336 頁，書目文獻出版社 1991 年版。
〔註25〕　《中國地方志民俗資料彙編·西南卷》（上）第 348 頁，書目文獻出版社 1991 年版。
〔註26〕　《中國地方志民俗資料彙編·東北卷》第 436 頁，書目文獻出版社 1989 年版。

一套日本陸軍士官服，根據孫中山的設計，要改成直翻領，有袋蓋的四貼袋服裝，袋蓋要做成倒山形筆架式，稱爲筆架式，象徵革命要重用筆桿於（知識份子）。起初門襟上七粒鈕扣，孫中山把它改爲五粒，象徵五權憲法。孫中山試穿後，認爲這套服裝簡樸莊重，勝過西服，大爲讚賞。後來人們把這套服裝定型，稱爲中山裝，而榮昌祥常以能爲孫中山先生製作第一套中山裝而感到自豪。中山裝不是一般的服裝，而是與孫中山及民族主義存在內在聯繫的政治服裝。﹝註27﹞

在民國時期，中山裝成爲一種政治符號而被廣泛使用，並被推行到社會各個階層。1927 年後，中山裝開始成爲各級學校師生的統一制服。國民黨通過中山裝將學生進一步納入三民主義黨化規訓體系之中。於是，一般學校都開始將中山裝作爲學校制服，並嚴格規定師生統一穿著中山裝。而且，小學生著中山裝在民國時期也是較爲普遍的現象。1928 年 3 月，國民黨內政部就要求部員一律穿棉布中山裝；4 月，首都市政府「爲發揚精神起見」，規定職員「一律著中山裝」。1929 年 4 月，第二十二次國務會議議決《文官制服禮服條例》，規定「制服用中山裝」。就此，中山裝經國民政府明令公佈而成爲法定的制服，從而成爲中國人能夠接受的服裝樣式。

應該說，中山裝是男子服裝改良的成功範例，但是女性的服裝改良卻沒有那麼簡單。

爲什麼要提出對女性服裝的改良？其原因：一是女性一味追求各種各樣新潮的裝扮。「講到婦女的裝飾，什麼便裝、旗裝、獵裝，高領、矮領、長袖、短袖、深口鞋、高底鞋……這一些的名目，真是五花八門，極變幻雜沓之繁亂。」二是女性的服裝只講究好看而完全不顧其實用：「看看婦女們現在的時裝是蔽體麼？當然是蔽體啦。可是稀薄的綢衫，往往露著那凝脂的膚兒，玲瓏的襪子，每每呈現著那白皙的腿兒。看看她們現在的時裝，究竟是適體麼？當然是適體啦，可以兩袖盈尺，禁不住冷冽的朔風。高跟鞋底，走不得崎嶇的道路。胸部緊束，行不暢的呼吸。……同時她們的服裝附麗的，還有項鏈、手鐲、鑽戒一類的無用之物，反招歹人的搶劫。」﹝註28﹞

由於女性服裝過於奢華，過於追求時尚，被人罵成爲妓女。《上海閒話》：「上海許多裝束時髦的漂亮女子，同戲臺上的花旦一樣，他們都是打扮好了

﹝註27﹞ 陳蘊茜《身體政治：國家權利與民國中山裝的流行》，《學術月刊》2007 年第 9 期。

﹝註28﹞ 《光怪陸離的婦女時裝》，《婦女雜誌》第 12 卷第 5 號（1926 年）。

給人家看的，他們都是以供人娛樂爲職業的。有人說：『女子都是有形或無形的妓女。』這句話加在一般的婦女身上，確是太過，唯有上海時髦女子，確可以實受這個頭銜而無愧色。」〔註29〕

滄海容《上海新觀察》一文也這樣認爲：「上海婦女裝飾的創造和變遷，娼妓似乎有一部分絕大的扮力，還有一部大勢力，是操在所交際之花的手中，歷年來如旗袍、斗篷、大腳管垂襠的褲子、長裙、長半臂，各種最時髦的髮髻等等，全是兩類人提倡在先，於是旁的婦女們都依樣畫葫蘆了。最近如鏤花的高跟鞋又長又大的耳環，也自伊們的提倡，而風行一時，這是偏近歐風，模樣兒還不惡，但在歐美，人家就要當作是不正派的婦人，然而上海大家婦女，也大半如此打扮了。」〔註30〕

其實，妓女的服裝與大家閨秀的服裝同樣非常講究，但是有著根本性的區別的：「上海女性，算是中國最開通的女性，天足運動最先影響到的是上海，而且上海女性的衣著也是最時髦的，可以說是全國婦女時裝的中心，但是也分成兩類，一類大家閨秀的裝束，一類是娼門中人的奇裝異服。這兩類不同身價的裝束，雖同樣是款式新穎，可是在上海人眼中看來，大家閨秀和娼門中人是一望而知的，畢竟後者是蹤跡妖豔的。」〔註31〕

妓女在服裝方面，的確敢於大膽創新，用尋常人想不到的思維方式來更新服裝，力圖引起人們的關注。

周瘦鵑寫過一篇《妓女身上的小電燈》一文，其中有這樣一段描述：

內中有一個 20 歲左右，穿黑衣裳的姑娘便在衣襟上裝著這麼一盞小電燈，正在一個紐扣的所在，大概是代表紐子花的。我想，這很奇怪，先前從沒有見過，今夜鄉下人倒開開眼了。她們窯子裏姑娘本來是要人家看她們的，這樣的電燈一裝，豈不便利了平視的劉公幹？連我們近視眼也好不必借燈光細看姣娘了。可惜乾電的電力太弱，正和我家裏 200 支光可憐的電燈彷彿，大有黯黯欲絕之狀（我住在華界，七八點鐘時電力極弱，200 支光直好像二支光一樣）。我以爲改良的方法倘若不用濕電，最好改用水月電燈，並須裝到頭額上去，像《狸貓換太子）戲中，電燈裝在帽子上的樣子；再不然像李雪芳

〔註29〕　《新上海》第 2 期（1925 年）。
〔註30〕　《新上海》第 2 期（1925 年）。
〔註31〕　陳存仁《銀元時代生活史》第 423 頁，上海人民出版社 2000 年版。

演《仕林祭塔》，滿身裝電燈，那就光頭十足、風頭十足了。過一天，我把這事說與趙苕狂聽，苕狂說：「不錯，近來窰子裏姑娘身上裝電燈的很多，有的裝在紐子花心裏，更覺好看。」我道：「如此說來，妓女身上大半有電，做嫖客的須得穿一件玻璃衣服，不然，當心觸電呢。」〔註32〕

從人類服裝史來說，凡是衝破傳統服裝的形式勢必會遭到守舊者的攻擊，將愛美女性的大膽穿著等同於妓女，顯然有點過分。對於一個剛剛脫離封建羈絆的社會來說，有這樣一些人存在也是在所難免，他們的觀點也能夠反映出一種社會的真實狀況，同時也說明，真正的服裝革命肯定會遭到守舊者的反對與謾罵的。

另外一些批評者將向西方學習穿著，被說成是陋習或者狡獪。

在《尋常婦女的陋習》裏，作者共列舉五種所謂的陋習，其中有兩條是與女子的裝束有關係：第四是高跟鞋，第五是束胸。關於高跟鞋，作者說道：「我國女子，為要仿傚西女的窈窕姿態，於是也著起高跟鞋來學習，不知穿高跟鞋，實在『無益有害』，弄得腳不像腳，行走的時候稍不留心，那麼腳要蹩跌了。」關於束胸，作者也這樣認為：「這回事實在很普遍的，從古到今都有點。她們自以為胸部高突，是大可恥的，因是把小衣等緊緊地裹著，像做箴片一般，咳，這回事實在很危險。因為把胸部裹緊，直把胸部內肺臟壓迫，肺口呼吸不能暢達，所以對於生理方面，實在極不衛生。且到了分娩哺兒的時候，不但孩子因母乳不發育也沒有乳吃，多有因此發生乳病。」〔註33〕

穿高跟鞋、束胸都是學習西方社會的結果。對於前者，說成「無益有害」，未必如此嚴重；對於後者束胸的確會產生諸多有害的後果。因此，對於西方文明不可一概吸收也不一味排斥，需要用科學的眼光來正確對待，才不至於走進盲目崇拜的胡同。

在一些地方，女性雖然學習西方裸露的風俗，但是很不是那麼直接，形成一種特殊風格。即使如此，也會被認為是狡獪。《上海婦女之狡獪》：「海上婦女凡夏秋的衣衫，幾乎把領兒完全廢掉，甚至漸染西方袒露之習，但是酥胸藏遮慣的，一旦袒露出來，覺得太不雅觀，所以異想天開，把淡黃的帛兒，緣著胸項間，且緣得很闊，遠遠的望去，似乎袒著，走近一瞧，那卻又不然。

〔註32〕《都市的魔方》第57頁，東方出版中心1997年版。
〔註33〕《婦女雜誌》第11卷第11號（1925年）。

我於此未免要歎上海婦女的狡獪了。」〔註34〕直接去掉衣領，會被認為是「染西方袒露之習」，在裸露的胸部上圍上絲巾，又被說成是遮遮掩掩，有「狡獪」之嫌，的確那個時代的女性服裝是人們重要議論的話題。

其實，雖然「狡獪」，但實質上是表現了女性喜歡用西方的文化審美來打扮自己的心理，這種向西方學習穿著方式，在當時就已成為眾人議論的對象。周瘦鵑曾在《女子的裝束》一文裏說：「女子愛修飾，世界中無論那一處，都是一樣的。因為愛修飾之故，才想出種種新奇的裝束來，表現她們的美。女子的皮膚本有冰肌玉膚之稱，所以西洋女子，往往杯臂露胸，這是表現她們真美的意思。中國新社會中的女子，受了西洋風的沾染，也漸漸有這種傾向，所以盛行短袖短領，夏季穿著薄薄的紗衫，裏面只襯一件小半臂，就把她們的兩臂也隱隱綽綽從紗中露了出來，一般古板的人便痛心疾首，說是妖裝咧！」〔註35〕

事實上，這種用服裝來表現身體之美的做法，體現了一種文化與社會的進步。因為服裝不再僅僅是裹體的需要，而是更高層次的精神上的自我心理的滿足；只是這樣的做法，在去古未遠的 20 世紀 20 年代，這種展現身體之美的服裝必然會遭到人們的不解與嘲諷。

在 20 年代，女學生的服裝也是被關注的聚焦點。

可以說，女學生的服裝是那個時代最時髦的服裝。她們敢於為風尚之先，大膽地穿出自己的個性與風格。就是這種勇敢出位的行為，引起不少人的憂慮。

陸費逵君在《中華教育》裏的一篇文章這樣說：「十餘年前，上海的女學界，精神很好，人人都有一個高尚人格的觀念，裝飾一點不講究，粗布衣服，很優雅，很大方。後來有個著名的校長開了一家綢緞鋪，送許多優待券給學生，女子本來是好美虛榮的，看見校長這樣提倡，於是大家都做起華美的綢緞衣服來了；戴手（原文如此，現為首──筆者注）飾的也漸漸多了，胸部束帶穿小背心的風氣也傳開了。現在的女學生，和十多年前的女學生，比較起來恐怕精神上有點不同，就是那時候的女學生，有一種要求人格的精神，現在的女學生，表面上拿獨立自尊做口頭禪，精神上和沒有入學校的差不多，不過是有一塊女學生招牌的玩品就是了。」〔註36〕震漢君在《新人》裏面一篇文章中說：「最痛恨的，從前一班女學生講究一切裝飾，開社會的效尤，她們讀了幾年書，只做

〔註34〕　《新上海》第 6 期（1925 年）。
〔註35〕　《都市的魔方》第 61 頁，東方出版中心 1997 年版。
〔註36〕　《裝飾與人格的關係──敬告豔裝的女學生》，《婦女雜誌》第 8 卷第 1 號（1922年）。

個裝飾家，給社會一個好模範。」〔註37〕一個署名爲憎艭君給別人的信裏面也說：「可憐有許多無恥的女學生裝得和妓女一樣——或許更甚——供遊冶子——廣義的——的批評或調笑，你想可憐不可憐！」〔註38〕

近年來，廣州的「女學生，樸素誠實的，固不能抹煞，而妖冶玩豔的實居大多數。她們上課走讀，稍爲差些；如果遇著星期日或放假的時候，出街便打扮得光怪陸離，短其袖，高其褲腳，窄其腰，高其鞋，還不算什麼一回事，那幾十塊錢一件的衣，幾十塊錢一套的嵌衣邊的裙，幾十塊一對對鞋，她們還不覺得什麼貴。有辮子的，戴上滿頭貴重的首飾，自不消說，就是剪了髮的，仍加上一個金箍，使頭部的裝飾不至寂寞。至於那托力克的眼鏡啊，金手錶啊，鑽石戒指啊，手提袋袋啊，她們視爲不可少的裝飾品，無無以名之。怨我大膽說一句，『娼妓化』的裝飾而已。」〔註39〕

以上這些言論，都是對女學生服裝的貶低與訓斥，反映了一部分人對女學生穿著的極度厭惡，同時也說明了當時女學生服裝對社會的影響程度之烈之大是前所未有的，否則是不會有如此巨大的反應。除了斥責之外，也有人提出建設性的意見來改良女學生的服裝。如：甲、女學生常著學校製定的衣服。一是衣的材料務求樸素。二是衣的構造務求簡便。乙、要廢除一切附屬身體而無關係的奢侈品。〔註40〕這是一種觀點，另外也人從科學、精神、衛生、審美等的角度來談女學生的服裝改良。

在《女學生服裝問題》一文裏就說：

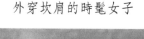

外穿坎肩的時髦女子

〔註37〕 《裝飾與人格的關係——敬告豔裝的女學生》，《婦女雜誌》第 8 卷第 1 號（1922年）。

〔註38〕 《裝飾與人格的關係——敬告豔裝的女學生》，《婦女雜誌》第 8 卷第 1 號（1922年）。

〔註39〕 《裝飾與人格的關係——敬告豔裝的女學生》，《婦女雜誌》第 8 卷第 1 號（1922年）。

〔註40〕 《裝飾與人格的關係——敬告豔裝的女學生》，《婦女雜誌》第 8 卷第 1 號（1922年）。

「服裝問題，不止關係到美觀，並且聯帶的關係於衛生、精神等各方面。照現在的中國服裝而論，男子的和女子的同有改革的必要；不過我以爲女子的服裝，更甚急宜討論，因爲女子的服裝，較之男子的服裝更不合適，不衛生更甚。」

　　「女學生是女界的領袖，有作先鋒的義務，所以各種婦女問題，該當先由女學生做起，而況現在這服裝問題裏有許多女學生式的女子特產呢？」「我們常常可以看見，無論烈寒盛暑，多是禿頭？藏垢納污的頭髮，留得很長，常常去加些水，塗些油，或者梳了一個 S 頭，前面再披了些前劉海，或則燙來灣灣（原文如此，現爲彎彎）曲曲；圓的頭頸，配一個方的領口；很要緊的呼吸器和將要發育的乳頭外面的胸口，卻束縛緊緊的；袖子短而大，容易發散體溫，並且不便於作事，……總之，不合於衛生、精神、經濟、時間、美觀的。」「女子的辮髮，更宜剪掉，不過留一些保護腦子的頭髮，不必留前劉海或者燙得灣（現爲彎）曲。領口的後面，一定要圓的；前面不必一定，尖的，圓的，方的，都可以。袖口在暑天短些，寒天的長到手腕；大小以可以鑲別一隻手，而不至於妨礙作事爲度。胸圍不宜太緊，束胸的惡習天然宜除，衣的長短更宜研究。我意長便到膝，或依手長，這樣可以省出束裙的麻煩，又沒不穿裙的不雅觀，而冬季的天氣，也可以保護腿的溫度；也不宜過長，否則又將不便於作事。襟可對襟（中間的直襟），褲要長，也不要太長，更以寒天爲甚。襪子不一定用絲，鞋不要高跟，最好自己做的，因爲皮底的不如布底的好。」〔註41〕

　　之所以人們會從這些方面來議論女性的服裝，與當時的時代背景有一定的關聯。在這個時候，提高婦女的地位已經被視爲是社會進步的一種表現，關於婦女參政，提倡性與衛生的討論，在各種報刊上屢見不鮮。

　　更有人認爲，女學生的服裝對社會的影響很大。戴邦定《婦女教育與裝飾》一文說：女學生「在現在社會裏，被認爲婦女界的知識階級，其他沒有受過教育的婦女們，在現在的情況下，何等看重她們，把她們當作先覺者，因此關於衣服裝飾，也不知不覺學著她們的樣子了。」〔註42〕此文還說：「前幾年除了鄉僻的女子，及迎神拜佛的時候要穿深紅色的衣服外，其餘這種深紅深綠特別注目顏色的衣服，也是很少的。現在倒是兩樣情形了，鄉僻的女

_____

〔註41〕　《婦女雜誌》第 10 卷第 4 號（1924 年）。
〔註42〕　《婦女雜誌》第 10 第 5 號（1924 年）。

子，說穿得衣服顏色，反是不大顯明觸目的，都會城市間的女子，卻喜歡顏色鮮明的衣服了。考其原因，也為了現代女學生先來提倡的緣故。在二年前，我們無論走到什麼地方，肩頭負著一塊大大的圍巾的女子，總是看不見的；就是有也只在都會熱鬧的地方。現在除了沒有受教育的地方外，不管你走到什麼地方，總能看見肩頭負著一塊大圍巾的女子。此種情形，我們要追究其從何開始，一定說就是女學生，這話或者有點過大……因為現在學校裏的女子用圍巾的人很多，所以社會裏的一般人也跟從起來了。……總可曉得婦女裝飾的風俗，完全看教育界婦女的嗜好為轉移。」〔註43〕

最後，《婦女教育與裝飾》告訴一切有知識階級的婦女（其中包括女學生）對於裝飾應該採取何種態度？作者認為：首先要有「儉樸」的態度。第二，要無害於衛生。關於身體上有害的裝飾品，如高底鞋、鉛粉等，一概要廢除。服裝的長短，寬窄，一律應以保護身體為目的，無害衛生為標準，不宜趨時髦，做得太短或太窄，都不應該的。第三，含有美的性質。關於美的感覺，各人不同本不容易定標準，但我以為無論哪種民族，都有共同性的特別美感的傾向，而異於各民族以表達這種民族特色的。故我們可以不必一定要模仿西洋人或者白種人所喜歡的顏色來做衣服，也不必一定要去模仿從前野蠻民族所喜歡的深紅或深綠，刺激性很強大顏色的服裝。作者還希望知識階級的婦女們：「你們最好把你們自身來做個社會改革的模範，實行人格的感化，再用口頭來宣傳。這樣對於風俗的改良，壞嗜好的廢除，不會不見功效的，否則，你們口頭上盡說著，實際上對裝飾方面卻天天趨於奢華豔麗，那麼你們即使嘴巴說破，什麼服裝樸素，耳環不應穿，鉛粉不應塗，高底鞋不應著，都是絲毫無用的；非特無用，且一律模仿你們的。」〔註44〕

所謂改良，就是對服裝的基本功能進行還原，使之更加符合遮體的需要，而不是僅僅追求時尚，講究色彩。1921 年《婦女雜誌》第 7 卷第 9 號發表香港罷士《女子服裝的改良》的文章，還原於衣服的基本作用，對於社會上只追求模仿、奢華而不顧身體舒適的做法提出批評：「服裝為章身之具，亦所以護體者也。是以吾人之服裝，必對於美觀上衛生上均無牴觸，方稱完美。近世女子，日趨奢侈，其服裝偏重於華麗詭異之途，於儀容衛生諸方面殊不顧及，至為可歎。丁茲解放時代，正宜剪除惡劣習慣，改適當服裝，以暴高尚

〔註43〕 戴邦定《婦女教育與裝飾》，《婦女雜誌》第 10 第 5 號（1924 年）。
〔註44〕 《婦女雜誌》第 10 卷第 5 號（1924 年）。

之人格。」「衣所以護上身者，必須寬大，乃近日吾國女子之衣，多尚短窄，裙僅及腹，袖不掩肘，或更模仿西裝，雖多衣亦袒其胸，且緊窄異常，幾礙呼吸，每致肺癆之疾。是不獨於衛生方面大有妨礙，即就儀容而言，亦非美觀。況邇來復崇尚絲織之品，一衣之值，動輒數十餘，而衣上之緣飾（如沿邊之絲邊及紐等）亦昂貴異常。吾可敬可仰之女同胞，詎宜出此，故愚竊以為衣服不在綾羅，寬大端整為上，雖在社會交際，不可無一二絲織品，亦當選其色樣大方，質地耐用者為之。」比如裙子，「比來婦女，泰半不綺而裙，態度彌覺端重，愚無間言。其裙之款式，大率仿自西裝，亦有獨具慧心，別標新諦者。一裙所用之料，只如一綺，或且更少，勝於古式百褶裙，耗料於無用之地者多矣。惟顏色大都淺豔，是不耐用也，質料大都絲綢，是不經濟也。」

　　這段長長的文字，真實地反映了當時人們追逐西方服飾而不講究現代科學的情形，對此進行批評，也說明有識之士看到了這種危害，並大聲疾呼，希望人們改變錯誤的做法。

　　《婦女雜誌》第 11 卷第 6 號（1925 年）刊登了關於「我所希望於女學生者」的討論，其中有徐學文的文章：「所謂『時髦』，我們知道決不是一個給合理的標準，著高跟鞋，束胸，燙頭髮，何若損自然的姿態而又費時算美呢？同時，我們贊同要有審美的心理和一切美的嗜好；不過要不背乎衛生、經濟、時間、自然等等條件。一刻不離用香粉上的工夫，不如移調過來用在書本上，不吝惜幾十元到裝束費用，不如多添辦幾本應用的書籍，……」這裡所說也代表了社會上一種人的觀點，那就是女學生與其追逐時尚潮流，還不如好好讀書。此話有一定道理，但是將兩者對立起來，也未必是好事。因為新的服裝的先行者肯定是年輕人，而其中女性學生一定會佔據很大一部分。

四、發　展

　　20 年代，穿著西服已經成為中國普通民眾的一種流行，特別是在上海知識階層中間，西服已成為主要穿著樣式。而且無論男女，西服成為人們的首選。毫不誇張地說，在這裡，新的西式服裝已經變成一種服裝潮流，人們可以大膽穿著，自由搭配，演繹出各種各樣新的服裝文化來。

　　據說，當時服裝設計者就從上海大光明電影院等場所人們的穿著中吸取靈感：去大光明的人有不少社會名流和外國人，他們男士著西裝，女士穿開

衩很高、很單薄的旗袍，外披厚厚的大衣，而且大都是最新款式，爲此，著名女式洋裝店鴻翔公司的服裝設計師，也經常到大光明觀察時髦女郎的穿戴。〔註45〕此例，說明進入當時高級娛樂場所的大多數是有錢人，他們的服裝反映了最時尚的文化潮流。

不僅如此，從服裝上就可以分辨出上海人與外地人的區別。

關於這一點，有人早就寫文章說明這樣的事實。《我之上海談》的作者在開場白中，首先表白自己不是上海人，而是「北地人」。他說：「上海服裝，最是考究，女人的不必說，就是男子也都爭奇鬥勝。」作者還說：上海「穿西裝是人比別處多，有的是和外人接觸，沾染歐化⋯⋯我曾在電車中，看見個穿簇新西裝的漂亮青年，手拿西籍，目不轉睛。他的衣著，很能表示出勤學的態度，身旁有一個西人，用英語向他問路。一連幾句，他老是不響；問得越多，他越是發燒，面紅耳赤。」「上海人之穿西裝者，大半是少年，但少年之穿西裝者，並不是個個都是能講外國話，會寫外國字的。」〔註46〕在這裡，雖然作者將穿著西服與會講英語等同起來，有失偏頗，但是卻說明了這樣一個普遍的事實：那就是上海穿著西裝的人很多，儘管他們不一定會說外國話。

這種穿著的差異，不僅在上海與北方人中間存在差別，與廣東等地的人亦有不同：

上海人注重衣衫，不注重酒食，與粵人之注重酒食，不注重衣衫者不同。上海人普通皆穿長衫。凡中等人士春秋冬三季必穿馬褂，非穿馬褂不足架子。上下人等皆穿襪。近年，馮玉祥將軍提倡廢止馬褂，雖未實行，但青年人對於馬褂的觀念已漸薄弱。旅滬粵人頗不贊成馬褂。穿馬褂者殊少。粵人穿西裝甚多，上海人尚少，惟各大學生頗多穿西裝。西裝衣料十九泊來品。⋯⋯男女不著拖鞋。拖鞋只在家閒著，更無著屐者。大部分戴歐式帽，但戴前朝小帽亦不少。〔註47〕

上海人與廣東人在穿著上的差異，一方面是由於地域、氣候的關係，另一方面也是對於接受西方文化的程度所造成的。在一段時間裏，廣東人開風氣之先，穿著西裝，而上海人尚未普遍穿著，這顯然落於廣東之後。

〔註45〕 《「大光明」舊聞》，《青年報》2009 年 1 月 20 日。

〔註46〕 《新上海》第 7 期（1925 年）。

〔註47〕 上海信託公司採編《上海風土雜記》第 29 頁，東方文化書局 1930 年版。

　　但是，落後與先進之間並非一成不變，是可以互相轉換的，隨著時間的推移，上海人穿著西裝的熱情越來越高，特別是上海在面料的引進與生產方面得到長足發展之後，其穿著文化有了飛快的進步。

　　這時候，由於生產的發展，製作西式服裝的面料也不斷更新，呢絨嗶嘰的出現，更推動了上海乃至中國服裝的改變。為此，商家大張旗鼓地打出廣告：

　　　現在上海最時髦的衣服上什麼呢，那就人人曉得是呢絨嗶嘰。但是這呢絨嗶嘰的花樣實在多，貨色的好歹也不等，因為穿的人多了，所以買這貨色的店鋪也觸目皆是了。若要講到考究的店鋪實在也很少，本號自今春開張以來，採辦貨色非常認真，都從歐美各國著名織廠訂購來的，所選花樣共有數百種也，是最新式最通行的，所以自開張到現在已有半年，承蒙各界光臨，大有山陰道上應接不暇了。現在又有新到大批呢絨嗶嘰，各貨統統是最上等的料作。最鮮明的顏色，最耐用最柔軟，足供上流社會的服飾。本年市價極廉，那是從來所未有的，加以本號自七月十五日起將新到各貨一律廉價出售，以得惠顧的雅意。各界在這換季的時候，不妨到本號來光顧光顧試用試用看，本號實在歡迎得很。〔註48〕

　　呢絨、嗶嘰是兩種新的服裝面料，特別是嗶嘰花樣繁多，色彩鮮豔，價格低廉，因此很受愛追時尚人的歡迎。

　　關於嗶嘰，不僅在於它的色彩、價格等方面的原因，還在於人們競相穿著嗶嘰作的衣服，因而使得這樣的面料供不應求：

　　　呢絨嗶嘰的價格，驟然低落了，價格既跌，銷路大旺。試看近來上海地方，無論男女，穿呢絨嗶嘰的，簡直一天多似一天。因為呢絨嗶嘰，較諸綢緞，價格既廉，質料又來得耐久，普通人哪一個不在金錢上打算盤。為了節省經濟，也就顧不得提倡國貨了。所以照這樣的趨勢，將來呢絨嗶嘰一定要奪綢緞之席。我很希望綢緞業中人速速想一個自衛的法子，總要減輕成本（減輕成本，並非偷工減料，應當另想出一種經濟的方法來），壓低賣價，才可以立足到洋貨競爭之場哩！〔註49〕

〔註48〕　見《升泰呢絨嗶嘰洋貨號（四馬路中，升平樓下）廣告》，《上海六十年花界史》，時新書局 1922 年。
〔註49〕　獨鶴《減價的作用及其他》，《都市的魔方》第 28 頁，東方出版中心 1997 年版。

在《上海男子的觀察》一文裏還可以看到人們爭相購買嗶嘰的場面：「近年來趨向嗶嘰，無論單的夾的棉的皮的，差不多都要用嗶嘰做面子，舶來品銷場打旺，便使國貨的綢緞紗羅大受影響，幾有退處無權之概。」〔註50〕「除了嗶嘰之外，又有一件魔物，叫做駱駝絨，簡直奪去了國產銀狐珠皮之席。每年二三月和九十月間，差不多人人穿一件駱駝絨袍子了。」〔註51〕《婦女雜誌》第11卷第6號（1925年）上還有一則英國上等絲光印花紗的廣告：「月光牌絲光條子花蓆法，純用上等棉紗織成，以經洗著名顏色與花紋有多種，門面頗寬。最近又運到大批印花麻紗，布紋細勻，光澤鮮明，日曬水洗皆不變樣，且洗後不必上漿，自然平整，因其身骨甚好，非普通洋紗可比。」署名：上海大利洋行經理，仁記路二十五號。《婦女雜誌》第14卷第5號（1928年）上有「法蘭絨」廣告：稱其「耐穿又經洗」，「因其質料精美軟輕薄，日常洗曬無破壞褪色之虞」，「男女皆可用」。

　　這時候關於服裝面料廣告充斥報紙雜誌，除了外國的各種服裝面料之外，中國生產的面料廣告。這些新的面料廣告，語言生動，富有煽動性。如在呢絨製品等面料的廣告裏，不僅強調其愛國的情緒，而且還注重其實用性，且價廉物美，以吸引人們的注意力。《婦女雜誌》第13卷第9號（1927年）就登載了這樣一則廣告：「歐美各國，對於婦女的服裝，非常注意，近年我國女權日張，交際日廣，婦女的裝束，卻是一件重要的問題，所以本公司爲特誠實的指導，務望女同胞速用國貨。蓋此緯成呢，非但是目下時行動新裝，且更輕盈倜儻，美麗倍增，堅實細軟，分外經穿，敢請各界一試，當知不謬矣。前門牌緯成呢每尺大洋九角八分。雄雞牌緯成呢每尺大洋九角」，「緯成公司敬啓」。

　　《婦女雜誌》第16卷第1號（1930年）廣告：月光牌麻紗布，夏天衣服，「可以經久如新」。另外，還有「染色月光牌麻紗，各色俱全，鮮明光潔，製成衣服，非常漂亮，而與學生，尤爲合宜。夏季衣服，多洗多曬，只染色月光牌麻紗，可保永久不變不褪。」

　　《婦女雜誌》第11卷第5號（1925年）有一廣告爲「上海四川路中華工業廠通信貿易部啓」則將衣料的價格一一說明：

　　　　「時式春季衣料每件六尺售大洋一元。

〔註50〕　《新上海》第1期（1925年5月1出版）。
〔註51〕　《新上海》第1期（1925年5月1出版）。

中華葛　每尺大洋三角

方格緞　每尺大洋四角

花方格緞　每尺大洋五角

塔府綢　每尺大洋二角二分

條子紗嗶嘰　每尺大洋二角

中華緞　每尺大洋四角五分

袖口邊　每尺大洋一角半

絲綢巾　每尺大洋二元半

六碼緞帶邊　每尺大洋一元

絲線　每絀一分、二分」

這些面料的變化，反映的是服裝的發展。特別是各種各樣的面料出現，推動了服裝的改變與發展。有個名為滄海容的人寫了一篇《上海新觀察》，其中就說：「至於衣料的採用，也隨時變遷曾經風行過的，如印花的嗶嘰，印花的印度綢。近來風行的，有花香梅，有軟緞，有葛羅綢，有印花綢，大抵每種不過風行一年，又要挨新鮮花樣了。去年秋間，要算是毛絲綸是一時代的雄獅，每一個婦女，差不多人人都要做一件絲毛綸的衫子，單的夾的，襯絨的，都是毛絲綸。」〔註52〕新的服裝面料的出現，必然會帶動衣服花樣的形成於流行，這是不以人們的意志為轉移的。雖然也有人多有苦澀地說：「多謝這班中華民國的女同胞，給某國平白地賺了一大筆錢去。就是一般高唱愛國的女學生，也忘了五四運動和五月九日國恥紀念，都穿起了毛絲綸來了。其實每尺六七角錢，並不便宜。穿在身上，彷彿把伊家府上的窗簾巾改制的，也並不好看，今年春上，毛絲綸似乎已見得少些，多半又過時了。」〔註53〕

經驗告訴人們說：新的面料是不會便宜的，但是人們之所以願意來購買，說明了這樣的面料會給衣服帶來不一樣的感覺。事實上也的確如此，這時候的服裝也同樣不便宜，或者可以說，服裝在這個時候是家庭主要財富標誌，服裝的花費佔據人們收入的很大比例。

在農村，服裝消費也是生活消費中佔據很大的比例。根據《蘇滬間鄉鎮婦女的生活》一文調查：「女子好美，所以總不免要注意裝飾，模仿時髦，近來因日趨解放的緣故，女子在社會增大了不少的活動，因此女子一切衣

〔註52〕《新上海》第1期（1925年5月1日出版）。
〔註53〕《新上海》第2期（1925年）。

著首飾等，也就不斷翻新花樣，以供女子的消費。我們只要到各鄉鎮間一查察，就可以見到種種女子裝飾品充斥市肆；這種現象，是近年來才發現的。」〔註54〕由於農村女性的服裝、化妝品以及飾品的消費，佔據了家庭開銷的比重很高，見下圖。這是根據鄉鎮中等家庭婦女消費（十四家）做的一個樣本：

類　　別	衣　　服	飾　　物	化妝品	其　　他
價值	3520 元	2860 元	550 元	850 元
百分比	45.2%	36.8%	7.1%	10.9%

由於服裝是家庭的重要資產，因此常常會引發被盜竊事件。在上海，做泥水匠的人也會趁機偷衣服。卓佛靈《臨時泥水匠》：上海的居民們注意，如果有泥水匠一二人到你們府上，說是住租帳房裏派來修理屋漏的，那麼你們須一面監視他們到屋頂上去修理，一面暗暗派人到經租帳房去詢問有無此事，否則你們曬臺上和鄰家的曬臺上，那曬著的衣服，恐怕要不翼而飛了。〔註55〕產生這種現象的原因，就在於衣服對於當時的人來說，是非常重要的財物，不僅可以遮體，而且還可以作爲財富的象徵。

那個時候，還有專門搶奪別人衣服的行爲，上海稱之爲「剝豬玀」。包笑天就在他的回憶錄裏記載了他幾次被「剝豬玀」的經過：

約在 1920 至 1930 年間，上海租界內，綁票路劫之案，眞個是沒有虛日。綁票是對於大資產階級，路劫是對於小資產階級，我曾被路劫過三次，想他們對我視爲小資產階級的了。再說，那種路劫行爲的人，專剝去行路人身上的衣服，上海白相人的行語，叫做「剝豬玀」。我曾三次被剝，又得了這豬玀的雅號，眞令人啼笑皆非。這種事，在當時他覺得有些驚恐、惱怒；如今想起來，還覺得有些滑稽可笑。

我已不記得哪一年，也不記得是何月何日，總之那個時候是冬天。我家住在鄰近北火車站的愛而近路，每夜從望平街報館裏回去的時候，總要午夜兩點鐘，看過報紙的大樣後，方才可以離開。從報館裏回到家中，自南而北，要經過一條極狹的路，叫做唐家弄。這唐家弄雖然既狹且短，但橫路極多。某一夜，我報館裏事畢以後，即坐了人力車回家。車子剛到唐家弄中段，便

〔註54〕《婦女雜誌》第 15 卷第 4 號（1929 年）。
〔註55〕《新上海》第 1 期（1925 年 5 月 1 日出版）。

有兩人從橫路裏竄出，攔住車子，一人抽出手槍，向人力車夫背上抵住，人力車夫只得把車子停下來了。然後他把手槍移向我，叫我走下車子來，另一個便動手剝我身上　那件皮大衣。持槍的人說道：「喂!朋友!識相點!」那位剝大衣的朋友呢，把我背後的領口一拉，兩袖一翻，輕輕巧巧的已到了他的手中。我手無縛雞之力，何能抗拒!他剝了我的大衣，就向他自己身上一披，兩個人便揚長去了。那個人力車夫呆立著問道：「先生!怎麼辦呢？」我說：「有怎麼辦!你拉我到那邊的巡捕房報案就是了。」

那個車夫很膽怯，說：「不要被巡捕房關起來嗎？」我說：「放心!這與你無關。」原來一出唐家弄，就是一個捕房，這個叫做彙司捕房。從唐家弄一直到我家所住的愛而近路，這一帶區域，都歸它管理的。這個捕房的督察長（督察長就是探長，法租界三大亨之一黃金榮，也就是督察長出身）叫做陸連奎（此人於上海淪陷於敵僞時期，被人暗殺的），我也認識他。到捕房裏，照例問了一問，紀（記）錄下來。他們說：「這種案子太多了，每夜各捕房來報案的，平均總有五六起。」又喝問拉我的人力車夫道：「你認得那兩個人嗎？」嚇得車夫瑟瑟抖，我連忙說道：「不!這個車夫，車子常停在我們報館門口，我和他很熟的。」捕房裏的人說道：「你不知道這做案的人，常常與車夫串通的。」

雖然報了案，我知道失物復得，那是渺茫的事，只好自歎晦氣。三天以後，我在報館裏接到一封信，上面了我的姓名，是本地寄來的，沒有寄信人的姓名，只寫了「內詳」兩字。啓封，先發現一張當票，此外是一張八行書的信箋。信寫得很客氣，開頭是「某某老夫子大人鈞鑒」，其下的許多話，大概是說前夜的冒犯尊駕，實在處身困境，不得已而爲之。還說，他曾當過革命軍，被裁撤了，一家數口，無以爲生。最後說：「知道你少爺出洋留學，將來如何發達，祝頌公侯萬代」云云。刊下署的名是「革命遇難人」。

最初，我很納悶，他怎麼知道我的姓名？怎麼知道我在時報館而把信寄來？及至看到「少爺出洋留學」的話，方才省起有一封我的兒子在德國寄來的信，是寄到報館裏的，我留在皮大衣的裏袋內的，被他搜得了，憑了這封信，寄還了當票給我了。信雖寫得不倫不類，但通篇倒沒有一個別字，字迹也比較還工整。爲了「鈞鑒」兩字，我眞要相信他是當過革命軍的，而且把當票寄回我，還算是「強盜發善心」呢。後與朋友談起，他們說：「你別上他們的當吧!知道你是報館裏的人，高談革命，他也就戴上一頂革命帽子。上海灘上許多流氓，都自稱爲革命人物。至於把當票寄回你，你要知道這些賊

骨頭，向來偷盜人家的衣物，上了當鋪，概不取贖的。錢財到手，當票扯碎，那種[是]笨賊。留著這當票，樂得寄回你，使你自贖，也可以銷案了。」

這件皮大衣，在當票上當了四十元，我便把那封信以及當票交給了彙司捕房。當票請他們代為取贖，交給他們四十元。因為由捕房去領贓，不要利息的。這一件案子，我損失的四十元，總算是結束了。〔註 56〕

包天笑曾經數次被「剝豬玀」，這只是其中的一次，就足以看出衣服的重要性，特別是價值貴重的服裝尤其如此。這種貴重的服裝不僅關乎穿著者的身份與地位，也被盜賊視為重要的財產來源。

以上是由於衣服貴重而被盜賊竊取往事，而下面則由於「大客戶」購買布料而上當受騙的故事：

一日，忽綢緞肆中來一客，衣冠齊楚，攜女眷，乘汽車。同蒞有僕婦，抱小兒，女眷及小兒裝飾亦炫赫耀人目。肆夥亟趨蹌勤懇招待。客選購既多，且眼界又絕高，必上上等之貨，始稱意。肆夥數人奔走取貨，猶虞不遑。肆之經理先生睹狀，知必為巨閥豪家焉，能坐失此絕大之主顧？因亦趨前酬應。談話之間，始悉客為都中某巨僚之本家，來滬為其妹置辦嫁衣也者。因命肆夥，盡出肆中之時時髦品以為兜攬。客選購各物約值四五千元，乃親筆書一地名，囑經理飭人代送。經理唯唯。客率女眷等登車，經理肆夥等恭送不疊，見車已嗚嗚去，始返身。

經理先生固飽有閱歷者，因所購之貨數目頗巨，乃選一幹夥送貨去。且囑其留意，勿落騙局。幹夥挾貨按客所開地址送去，則巍然巨宅，僕役成群也。既見主人，果即適至肆選貨之客也。點交貨物畢，客即頤示僕命取款至，累累然皆現款鈔票也。客付夥，夥點款，數目相符，乃攜款告辭。回肆復命於經理先生，經理乃知客果為豪家，而非馬扁之流也，乃大放厥心。不數日，客又至。逸向經理先生接談交易，復選購百數十元之物，立出現欲付價。經理既悉為好主顧，則言，似此常時照顧，可勿付現欲。請立一摺，以後憑摺取物似較便捷。客笑謂：「無須，余向不喜欠賬，無論多寡，悉付現款，以免月杪節關時之麻煩。且遲早，均須算付，又何必多所周折者。」經理亦笑。談次，客言：」初至上海，不悉情形，未審貴肆之房租每月若干。」經理以實對，客言未免太昂。經理因極言，並此極昂之租價，覓屋尚不易易。客聞言，搔首云：「余現在擬覓一

〔註 56〕 包天笑《釧影樓回憶錄續編》第 696～703 頁，山西古籍出版社、山西教育出版社 1999 年版。

屋於南京路設肆。今聞若言，恐難如願矣。奈何？」經理因詢以須屋若干，擬出何等代價。客言價所不靳，惟地點必相宜始可，只須能占沿馬路門面二三間即可，初不必如寶號之大也。經理聞而心動，因言：「敝東現有一所店房，坐落盆湯弄口不遠，現尚未有人租，倘不靳價者，或可相讓。」客喜，立邀經理同往觀看。一看之下，極表滿意。堅囑務請商之貴東以此屋相讓，租價挖費皆所不計。經理唯唯，言明日當有以復命，客叮嚀而別。

當晚，經理言於肆主人。主人亦喜，乃定一相當之租價及挖費數目，示經理，經理攜單歸。次日，叩客宅而復命焉，客時甫展興，接經理以禮貌，款待頗優渥，聞允相讓，喜形於色，立出百兩支單一紙，授經理曰：「他卒不及多備，姑以此為定銀租價，挖費等容即送到寶號可也。」經理唯唯。客請經理書一收條，經理即寫與之。告別回肆，一連數日，音訊杳然。肆主人詰經理，經理再往過客，則門庭猶是，而住者已遠移，不知何往矣。返告肆主人．主人擬探訪客之下落，而數次往返交接，只悉其姓並不悉其攝貫名號，竟無從探訪。更候數日，仍無下落。肆主人雖咎經理做事荒唐，猶幸收得定銀百兩，並無損失，乃命匠鴻工將該處房屋裝飾一新，自行開一茶食店。開張之翌日，客忽至綢緞肆，見經理大加詰責謂：「既允以該屋租與余，何忽食言？且收餘定銀，詎可背約？」經理告以久候不來，及往詢無著等語。客言：「余不曾告汝乃初至上海者耶？日來正因是處住宅狹小，故另選新宅，所以遲遲者，亦正因是忙冗不曾有暇向寶號接洽耳。然余為設肆之故，已定貨若干，籌備裝潢及開店手續等又用去若干，共約洋元 2 萬數千元，須當賠償也。」經理不敢應，只得答以容與敝凍商議。

逾一日，而會審公廨之傳票已至某綢緞肆，則客控其肆主及經理吞沒定洋、霸屋、毀約，求賠價損失 2 萬數千元也。經理及肆主人均失色，然而不敢不到堂對質。客於公堂上呈經理所書定銀 100 兩之收票為證．問官以證據確鑿，判令被告照所控損失數目賠價，且須擔任堂費。

肆主人及經理奉判後只得照賠，並擔任堂費。且以會審公廨無上訴機關，又無其他理由可以呈請復訊，相與咨嗟，互認晦氣而已，然而心實有所未甘。
〔註 57〕

據作者介紹，「此中華民國十一年冬初之事」。為什麼會發生這樣的怪事，

〔註 57〕　《記南京路某綢緞肆遇騙事》，《都市的魔方》第 39～41 頁，東方出版中心 1997
　　　　年版。

與當時布料並非普通商品，特別是購買價值不菲的布匹之後，就連頗具閱歷的經理都被矇騙，而上當受騙，或也在情理之中。

20 年代，在服裝發展的同時，人們的風俗習慣也跟著發生改變。

在文明結婚的時候，人們還是相信傳統的服裝，儘管這樣，還是發生了改變。這在《上海春秋》裏有描寫：龍小姐的心裏倒是要文明結婚好。她是女學堂裏讀過書的人，事事相信歐化。加著一班同學也都是開通人物。最好倒是在教堂裏，由牧師攙著手，儀式甚爲好看。無奈男女兩家都不是信教的人，非但如此，連新郎也不是信教的人，自己並且也不是教中人。爲了結婚而進教到底也沒有這件事。可是，陳老六家中還是一切用舊法，還是要用花轎迎娶，還是要用全副執事，還是要祭祖待貴，還是要見禮、做花燭、吃團圓夜飯。那龍太太是無可無不可的，只要女兒願意怎麼辦便提出條件來；龍老爺是一聽龍太太主裁；陳老六倒也隨便，他瞧得做親只當是堂子裏做一個先生一般，就是這麼一回事罷了；只有龍小姐一個人在那裡點兵點將，要這樣那樣。經媒人幾番的磋商，所有娶親坐花轎以及儀仗等等都照陳宅，龍小姐豐厚的嫁妝當然不必說了，可是有幾樁要求：第一是不拜堂。只在文明的禮堂上請了證婚人介紹人，行那一鞠躬再鞠躬的文明禮；第二是不磕頭。無論祭祖見禮，至多鞠躬罷了。第三是不戴鳳冠霞佩，要披外國人用的輕紗，新郎也須著大禮服。這幾件事陳家都承認了。〔註 58〕其中，參加這種西式婚禮的有伴娘，但是她們的服裝卻是中西合璧的形式：至於龍小姐那一方面更不必說了，還是半年以前定好了的兩個同學，一樣長短，一樣肥瘦，連面貌也差不多。由龍小姐出主意，兩人著一色的衣服，一色的褲子，一樣的花邊，一樣的鞋子與襪，辮子上一色的把根紮著一色的髮結。所有衣服卻是量了尺寸由龍家的裁縫做的，送與兩位女士，就算是辦新的酬儀。那天這兩位小姐各穿著一件粉霞色雙喜字綺霞緞的夾襖，鑲著錯金鏤彩的花邊；下面也是一色粉霞的褲子，雪白的絲襪子，櫻自滿幫花的高跟鞋，辮子上猩紅的把根一個澹紅蝴蝶結，一樣的前劉海覆到了眉毛上；手上一樣的一隻金剛鑽戒指；真個似一對雙生的女兒。人家見了沒有一個不暗暗喝彩的。〔註59〕

這段文字，雖說是一種文學語言的描述，但很具體、細微，真實地展現了那個時代結婚的狀況。這種文明婚禮儀式，事實上也反映了婚禮上的服裝的變化。新娘不戴鳳冠霞佩，「要披外國人用的輕紗」，新郎則是大禮服。這

〔註 58〕 包天笑〈上海春秋〉第 139 頁，灘江出版社 1987 年版。

〔註 59〕 包天笑〈上海春秋〉第 140～141 頁，灘江出版社 1987 年版。

裡所謂的「輕紗」，即爲白色的婚紗，是較爲典型的西方婚禮的打扮，過去中國人結婚一般都喜歡穿著紅色的衣服，象徵喜慶。但是到了 20 年代，這種習俗得到了改變。因此有人認爲：「舊社會中新娘穿的多紅色服裝，我們以後是不必的。我們的結婚正當炎熱之時，穿的服裝宜白色，所以勉寅穿的湖色的衣服，白色的皮鞋，但是有人不贊成，以爲喜事宜紅不宜白；我們要問爲什麼舊社會上的新娘面上要塗粉如白牆呢。」〔註 60〕婚禮服裝的變化，反映的是一種人們觀念的改變。在這個時候人們不再固守傳統，更願意眞實地將自己個人的想法表達出來。

當然在發展的過程中，也不是一帆風順的，會遇到各種各樣的思潮與現實的阻隔。

首先，狹隘的愛國情緒對於服裝發展產生一定的阻礙。

五月三十日慘案以後，上海成立了愛國會，提出會員遵守的章程，一共十二條，其中有規定：外國的草帽不戴，以後改用臺灣草帽。外國的嗶嘰衣料一律不穿，以後男子改穿羽毛，女子改穿印度綢，至冬令則改用鏡面呢或閃光緞。以後西裝不穿，但草帽皮鞋等，不妨仍沿習慣穿戴。

在這些規定裏，也不是完全禁止外國服裝和外國貨的通行，而只是有條件地限制了外國服裝的穿著，並沒有採取非常極端過分的一刀切的辦法。比如，「草帽皮鞋」，這些都是外來的穿戴文化，但是規定並沒有完全禁止，而是採取「仍沿習慣」的穿戴方法。這種方法既教訓了殺我同胞的外國人，同時也認可了當時上海所流行的西裝革履的外來文化的存在。〔註 61〕

其次，在如何看待女性服裝、服飾文化方面，人們的看法往往會有很大差別。這在一定程度上妨礙了中國服裝的發展。在這個時代，人們更多的將女性時尚的服裝與道德、民風、奢侈品消費等聯繫在一起。

晏始想《奢侈品與女性》一文就指出：「在女子依賴男子爲生活的時候，當然以求悅於男子爲生活的唯一方法。因爲男子都有好色愛美貌的心理，於是女子不能不靠浮華和裝飾來　增加她的美，所以女性的奢侈，完全是男性玩視女性的結果，決不能歸咎於女性的。」〔註 62〕

還有人將服裝消費等同於無爲消費。例如陳友琴《婦女經濟獨立的基礎》將服裝等同於必須消費，而將胭脂、鑽石等來作爲無爲的消費：「維持生活上

〔註 60〕　顧綺仲、張勉寅《我們的結婚》，《婦女雜誌》第 8 卷第 1 號（1922 年）。
〔註 61〕　《新上海》第 4 期（1925 年）。
〔註 62〕　《婦女雜誌》第 8 卷第 7 號（1922 年）。

所必須的消費，例如，食飯，穿衣服，房租，教育費等是必須的消費，買粉、胭脂、鑽石、別針、聽戲、看電影、逛新世界、食番菜、坐汽車等是無爲的消費。」〔註63〕這裡，雖然將服裝視爲必須消費，其只看到了服裝必須要穿著的一面，而沒有認識到服裝同時也是一種奢侈品。

在這種情緒的影響下，對於人們的擇偶也會產生奇異的看法。伯冕在《婚姻的禁條》一文裏說：男子婚娶的禁條，共有十條，其中有兩條是談穿著的。第五，不可娶只知服飾的女子，因爲她必將使你破產。第七，不可娶故意作（著）怪異裝飾的女子，因爲她不但將使你受辱，且將喪失你的愛情。〔註64〕

凡此種種觀點，都說明人們當時對於服裝的變化還採取保留的看法，並不認爲，服裝的不斷演變是社會的一種進步的表現。有人認爲，對於時髦的服裝，要獨立思考，不要做「時髦裝束」的奴隸，也不要被其華麗的外表所誘惑。勃魯梅女士在其《服裝改造》一文裏說：「我覺得，如果我們都肯少做時髦裝束的奴隸時，我們應當能夠成爲尊貴的婦女了，因爲現在我們身體和心神的弄得衰弱無用，就在穿著這種不合衛生而又野蠻的裝飾，使他作吸引人的裝束。所以改變是需要了，如果我們有方法喚起一般人對於這和對舊習俗能夠自己思考和獨斷獨行，我當決不受這種虛假的懲責所騷擾了。」〔註65〕

還有人認爲，時髦服裝很容易過時，而過時的服裝往往會被棄之一旁，這樣就會造成浪費。逍遙生《婦女服裝談》：現在婦女，鬥奇爭新，競尚浮華，而朝改暮易，千變萬化，特新的未必全新，移時而又成古，古的也非全古，移時而又翻新，新舊推移，與時俱易，縱橫錯雜，馳驟其間，今日視爲時髦，合式的來朝就變了背時而陳腐。青年婦女們，不知費盡幾多金錢血汗，好容易做得一件嶄新的衣服，未曾穿過三場五次，不是顏色違時，就是質量不合，束之高閣，殆如廢物。〔註66〕

以上這些議論單從常規思維來理解，不是沒有道理，但究其根源，其出發點是錯誤的。其錯就錯在認爲，當時新的服裝文化是一種不被認可的社會現象，不是服裝發展的一條必然路徑，總喜歡找出種種理由來試圖否定這種新的服裝及其文化。

這是中國20年代服裝史所反映的一種現實。

〔註63〕《婦女雜誌》第10第1號（1924年）。
〔註64〕《婦女雜誌》第11卷第3號（1925年）。
〔註65〕《婦女雜誌》第11卷第3號（1925年）。
〔註66〕《婦女雜誌》第13卷第11號（1927年）。

附　圖

四位女性

男女混扮的妓女群像

領子鑲邊

坐在欄杆裏的女子

椅子上坐著的女人

扮作道姑

依靠椅子站立的上衣下裙的女子

穿著夏裝

穿著繡花鞋

裝扮男子的女人

女子的西式禮服

夏天服裝

手扶欄杆

花叢裏的女子

少　女

冬裝

春天的服飾

戴羅宋帽的女子

坐著的戴帽子的女性

挑賣草鞋

修補鞋子的小販

縫補女

賣鞋子

掃地工的服裝

30年代（1930～1939年）
——繁華奪目的服裝文化

一、爭　辯

到了30年代，中國服裝已經邁入繁榮期，各種各樣的服裝出現在社會上，引起人們注意，並引發不同的爭辯。

如果說20年代，還處於能夠忍受的地步，那麼到了30年代人們對於服裝的忍受程度大打折扣，將新的服裝款式說成是奇裝異服，大有形成對新的服裝文化圍剿之勢。寶驊在《取締奇裝異服》一文中說：「奇裝異服，是一些不長進的婦女們，爲了誘惑男性，博其歡心，以完成其某種目的，要用到一種手段；特別在大都會裏，這已成爲一種普遍流行恬不爲怪的風尙了。」〔註1〕說道這裡，作者還進一步論述說：

> 本來，在資本主義社會裏，尤其在經濟關係錯綜複雜的殖民地式的上海市，這種現象之造成，是毫不足怪的。如果推究起來，則有以下二大原因：

> （一）社會經濟日趨破產，人們的道德生活亦愈墮落，一般人醉生夢死，幾成爲色情狂患者。女子們在這種恐慌的社會中，欲求眞正解放的出路，固談不到，即談做一個純潔的賢妻良母，亦不容易，爲了繼續維持其寄生生活，遂不得不以取得男子歡愉爲前提，因而奇裝異服，以引起男性的新興趣。

〔註 1〕 此文發表在 1934 年 9 月《社會》半月刊（第 1 卷第 1 期）「社會論壇」上。

(二) 資本主義生產下的商業自由競爭多，『時髦』二字，成為博得
商業勝利的重心。商人們對於服裝，花樣百出，以求新貨之
銷售，上半年之服裝，至下半年則不時髦，或前一個月之服
裝，至次月則不時髦，因而一般仕女們不惜物價之無所謂的
浪費，將不時髦之服裝棄之不用。足見奇裝異服，不過是狡
猾的商人們為銷貨與博利所出之『花樣經』而已。」〔註2〕

作者在這裡更將這種奇裝異服上陞到思想道德的層面：「此種奇裝異服，不能
成為生產建設的興奮劑，只是一種精神麻痺，意志消沉的鴆毒物；而且奇裝
異服，多用外貨，民財外溢，故必須取締。」最後，作者還呼籲：「政府當局
應該下『國民總動員令』，嚴格的實行新生活而且要徹底改革，強制執行，使
全國男女之日常生活衣食起居以及各種娛樂，均為有規律的，有秩序的，而
適應建立國家民族新基礎之要求。」〔註3〕

當時的上海市小學教職員聯合會，也呈請教局，禁止女教員燙頭塗胭
脂。「婦女燙髮塗脂，奇裝異服，從新生活發起後，雖已懸為厲禁，遭受幾處『熱
心』地方當局如韓主席、袁市長之流的嚴加取締，但是國內教育界，迄未有
何種明白的表示，原因大概是我國教育落後，待廁身其間的努力之處甚多，
因之無暇顧及女教師的頭髮衣著……」〔註4〕

上海是中國開埠較早的地區，也會發生禁止奇裝異服的請願活動，作者
將其歸結為教育落後，特別是新生活運動開展之後，執政當局對婦女燙髮塗
脂、新潮服裝進行嚴加取締，可見新的文化形態與傳統守舊的思想之間，其
距離何其之大。

有人曾經對這種服裝文化現象作過研究，要求用政府出面進行干預服裝
的事情，早在 10 年代就已經有過。文章認為：社會轉型時期，西方事物大量
湧入中國，尤其是衣食住行等深刻影響市民日常生活的方方面面，對此，欄
目組傳統道德意識到基礎上提倡整飭社會風氣，尊崇社會公德。對喜著奇裝
異服招搖過市的女子持批判態度：「警廳通告，凡婦女及妓女不得奇裝異服，
招搖過市，好作冶裝惑人之女子腦中必受一擊。」（劫時《大鳴小鳴》，《晨鐘

〔註 2〕 寶驊《取締奇裝異服》，見 1934 年 9 月《社會》半月刊（第 1 卷第 1 期）「社
　　　　會論壇」。
〔註 3〕 寶驊《取締奇裝異服》，見 1934 年 9 月《社會》半月刊（第 1 卷第 1 期）「社
　　　　會論壇」。
〔註 4〕 《婦女共鳴》月刊第五卷第九期（1936 年 10 日）。

報》1918 年 8 月 24 日第 5 版）論者對國人爭相效尤西方衣著事物等皮毛忽然學習西方富強精神的現象尤爲痛心，認爲「世風日下，道德毫無，國人好服西裝，吸香煙，架眼鏡，執手杖，甚至婦人女子互相效尤，奇裝怪服，以爲美觀，毫不知恥，不學人之精神，使國家富強，乃學人之毛皮，使世風益壞，可痛」。〔註 5〕

上海月份牌設計師於半淞園的一次雅聚，由攝影師潘達微請客。
自左至右：周柏生，鄭曼陀，潘達微，丁悚，李慕白，謝之光，丁雲先

　　對於時髦的女性衣服，採取極端的暴力行爲的，在杭州、北京等地都有發生，成爲轟動一時的新聞。

　　1935 年，「杭州曾有過所謂摩登破壞團隊無聊舉動出現，他們的手段和目的，是用鏹水來毀損婦女的『摩登衣服』」〔註 6〕，後這種野蠻的行爲，旋遭禁止。但是到了 1936 年，「北平七月三十日通訊：昨晚九點零十七分哈爾飛戲院有身佩盒子炮，手執小手槍者之警察，數十名蜂擁而至，爲首者張其一雙虎目，英風四射，威鎮八方，一般男女顧曲家，一若大禍之將至！此乃內二區之官警，因見日來一般摩登女性，對糾正奇裝異服之功令，竟默然視爲不足道，依然犯故，光腿，露肘，揚長道上，幾觸目皆是；認爲此風一長，不獨與長官維護風化之威信攸關，亦且於本區署責職考成，大有關係。因之特於昨夜，用迅雷不及掩耳手段，擁至該園，即下令凡衣薄如蟬翼，裸腿不

〔註 5〕　李曉蘭《「大鳴小鳴」：〈晨鐘報〉的讀者暢言專欄》，《城市發展──科學精神與人文精神》第 91～92 頁，上海人民出版社 2010 年版。
〔註 6〕　曾疊《摩登破壞的重演》，《人言》1935 年第 2 卷第 23 期。

穿襪之一般摩登婦女一律出園，不准聽戲，俟換衣後再來。」〔註7〕「上海租界捕房有一次在旅館內捉到幾個『男娼』，他們都是穿著花花綠綠的女人的衣服，這當然依法成立奇裝異服之罪。」〔註8〕

母女圖

　　這種對於所謂奇裝異服的打擊手段不可謂不厲害，無論是社會上「摩登破壞團」還是警察都將服裝視爲眼中釘，非除卻不可，好像只有這樣才大快人心。其實服裝的進化與發展是社會的必然，任何阻止的手段和企圖都無法改變服裝進步與發展的潮流。

　　還有人寫了篇《關於「親擒摩登婦女」》文章，批評這種肆意暴力對待摩登婦女的行爲：「以『青天』聞名的某省主席『親擒摩登婦女』的消息，變成立半月來茶餘飯後談話的中心。事件的經緯是某主席因公外出，途中發現短袖露肘之摩登婦女，當即拘捕，擒獲張xx，孫xx，蔡xx等三人，公安局亦陸續在各城埠交通要區，捕獲張 xx，王xx 等五十餘人，悉押總部軍法處，聽候訊辦。後來『青天』故意還『將捕獲乞婦人等與此輩摩登婦女押在一起候審』。『由主席各加申斥，並令其家長換長衣領回』了案。」「對於不根究婦女奇裝豔服的原因，而一味的用『維持風化』的罪名來取締婦子衣服……」〔註9〕

〔註7〕曾疊《摩登破壞的重演》，《人言》1935年第2卷第23期。

〔註8〕曾疊《摩登破壞的重演》，《人言》1935年第2卷第23期。

〔註9〕《婦女生活》第一卷第五期（1936年）。

女性春夏秋冬服飾

這裡，由於姓名忌諱，沒有對某省主席進行點名，其實明眼的都知道是誰。他就是韓復榘。由省主席親自赤膊上陣對奇裝異服進行興師問罪，在服裝史上可謂是難以抹去的一段恥辱的一筆。

二、時　裝

30 年代年開始有了時裝的概念。這種概念的出現應該是在社會上時裝流行之後，無論是女性的服裝還是男性的服裝都發生巨大的變化，而且款式流行的時間也越來越短，這正是時裝的特徵。這時候，時裝已不再僅僅具有功能性的作用，而更多的是在於其裝飾性的價值：「衣服的作用，第一是禦寒，第二是儀表，禦寒的作用是必需的，實用的，儀表作用是裝飾的，審美的。社會文化的進化，一切物品，往往第一期是必需，第二期的裝飾品，又往往轉變為第一期的必需品，而另有第二期的裝飾品出來替代，同時為了人類具有一種愛美的天性，衣服又是人類必需的，實用的緣故，促使裝飾作用的發展，衣服就首當其衝了。自歐美文化東漸以來，在中國有進步的，卻不多見，唯有服裝一項，倒大有一日千里之勢，在城市都會的地方，更是窮極奢華，

腦筋中充滿的思想,儘是時裝的樣式,這已成普遍的現象。」〔註10〕

人們頭腦裏的時裝樣式,促使了當時服裝的飛速改變。

仲華《現代婦女的時裝熱》:「近年來,男子的服裝只變了二三變,而婦女的服裝則至少已經變了一二百變。」「婦女的服裝照例是逐著歲月隨著綢緞店的大廉價與服裝公司的廣告宣傳而翻新花樣。我們看到婦女的服裝由高領減至無領,再回覆到二三寸高度地位;由長下擺升至齊膝蓋,再降下至腳面只差二三寸。由竹管樣的細袖口縮短至肘處成為喇叭式大袖口,再收小而伸至齊腕帶地位:一切都合節奏,如音韻般高底陞降。而且在今年乃有更大規模的時裝運動出現於上海。婦女的服裝文化大概要在今日達其登峰造極的地步了。」〔註11〕在這樣的時裝熱力,大學生也加入其中。「大學生在初進學校的一年,老是一件青布長衫兒,可是到了第二年,在他的長衫之下,時時看見一條西裝褲子,沒有半年的工夫,好了,時而中裝,時而西裝,常常在交換而穿了,再隔半年,更不得了,長衫一件,不知道拋在爪哇國的那方去了,而出也入也,非西裝不可,非革履不可,及至從大學畢業出去,中裝的紐扣的怎樣去扣的,恐怕也忘記得不知道去向了。至於西裝,從大禮服以至於不禮服(不禮服,便服也,既便服何禮之有),袋子裏去翻一翻,也許

1932 年的《時事新報》上的
《時裝周刊》

〔註10〕 劉志純《服裝改良論》,第 1 期《時裝周刊》上的《發刊辭》,見《時事新報》
　　　　1932 年 6 月 19 日。
〔註11〕 《婦女雜誌》第 16 卷第 12 號(1930 年)。

有十錢多，長衫角兒卻已經下野失蹤，不再看見矣。大學生衣服之公式，如是云云，難怪西裝店生意難降也。」〔註12〕

在這裡，將男女服裝的流行與變化說得很到位，體現了當時服裝瞬息萬變的實際狀況，也反映了人們追逐時裝的高度熱情。

也有人認爲，中國的時裝發展太慢，與時尚潮流難以匹配。

「我們要知道，時裝是合乎現時代的潮流，不息地在更叠著，聚集在巴黎的時裝家，每天多在鈎心鬥角，日新月異的翻著花樣，環顧我國婦女的一襲旗袍，不要說一點沒有變化，而且連出門赴宴會也是一件旗袍，（除少數特殊階級有大衣和晚禮服以外）我們拿歐美的婦女服裝來比一比，她們早上起來有早晨的衣服（morning gown），下半天有下午衣（afternoon dress），晚上宴會時有宴會的衣裳（evening dress），連吃飯睡覺多另有衣裳，她們對服裝的考究，差不多視作第二生命，在巴黎和紐約年輕漂亮的少女們，在一個月前盛行的式樣，下個月便不願穿了，她們說：「漂亮的衣裳，只穿一次。」這一種著衣裳的奢華，在我國恐怕連主席身份的太太，紳士家裏的小姐，奇怪得也有些不信吧。」〔註13〕

其實，中國的時裝是在進步，特別是 30 年代，其變化與速度是前所未有的，但是與歐美等地區而言，相對落後，這也是客觀事實。

人們在追逐時裝的同時，也產生一些問題，例如不注意衛生、健康與科學等。

《對時髦女子的感想》討論文章：「她們因爲趨時，所以花樣百出，奇奇怪怪的服裝，不管適於身體的發展否，不管妨礙真的美的原理否，只要是新奇，就到外面來展覽，所以影響別的女子的害處也不小。」「我以十一分的誠懇的態度告訴你們：所謂時髦，並不是合理的標準。常換服裝，燙頭髮，抹胭粉，這算不得是一件美好的事，這不一定能夠增姿態的美麗，有時反損自己的容顏呢。」〔註14〕

〔註12〕《大學生的衣服——從青布衫到西裝是有一定的公式》，見 1934 年 2 月 27 日上海《時報》中的《服裝專刊》。

〔註13〕沈守中《從時裝說到裙》，《時事新報》1932 年 1 月 25 日《時裝周刊》第 6 期。

〔註14〕《婦女雜誌》第 17 卷第 11 號（1931 年）。

龔仲賢《時裝概言》:「近幾年來，婦女服裝花式屢易，長短寬窄，霎時萬變，長則旗袍垂足，短則袖口露肘；寬則褲管盈尺，窄則束胸縛腰，種種危及身體發育之服裝，日新月異，居然全市風從，創作者美其名曰新裝。實則不啻纏足之弊也。且一衣之費，動輒多金。既不適於衛生，又不合乎經濟，言之實堪感歎。蹉乎，吾二萬萬女同胞何輕觀服裝乃耳，亦無非為愛美觀念支配所致也。社會對於婦女服裝之衛生，素少研究，報紙又乏相當討論，乃為少數人之作俑，竟致多數人之盲從，為害之巨，盡可破壞種種之健全，是以前內政部有禁止奇異服裝明令之頒佈，然而言者諄諄，聽者藐藐，坐使流弊無已甚可概焉。茲聞本報增闢時裝周刊，此後婦女之服裝，當可得有相當貢獻矣。」〔註15〕

就當時而言，時裝的設計與創新是不容易的事情，對大多數的商家來說，只是模仿而已；對於追求時髦的人們來說，時裝的穿著也僅僅一種簡單的模仿。

時髦的結婚禮服

窩一《一個婦女衣著的適切問題》:「至於女子衣服太單調，亦固過事模仿，無獨創適切之精神所至；其單調者，乃衣褶與圖案邊緣色彩等，少有變化。一領口之變化，但知由高領而反於低，由低又復反之於高，若如第六圖有反領、敞領及由敞領而見之褶紋種種變化者則少。下擺昔時多係整齊劃一，亦趣味比較低下之一種，衣身上由衣料製成之褶紋甚少，大抵為平鋪而成。……袖口有攏小之式，則袖口之上端與袖身接合處，亦可作有規則之褶紋。其他領口下擺，皆可因其攏小而得褶紋。種種褶紋，參差有序，裝束之趣味不單調，亦可因此求各個之適口！」〔註16〕

〔註15〕 《府事新報》1932年1月25日星期一第3張第1版。
〔註16〕 《婦女雜誌》第16卷第5號（1930年）。

　　這種細節的變化，構成時裝更新的元素，面對不斷的服裝時裝化的現象，有人開始擔憂：一是一般的老百姓與時裝無緣，因爲它太奢侈。仲華《現代婦女的時裝熱》：「但『時裝』二字變通點說說卻也是無可厚非的，譬如我們把它解釋做（爲）合於時代，合於年齡合於時季。如在眞正有意提倡國貨的商人，也可以把國貨的衣料說是合於經濟恐慌財源外溢的我國在現『時』所應當採取的服裝。但我眼見得在提倡時很容易走入錯誤，他們所提倡的服裝是太奢侈太高貴，決不是現『時』一般愁著貧苦的平民所配穿著的。」〔註17〕而是時裝成爲少數商人惡意競爭、牟取暴利的工具。仲華《現代婦女的時裝熱》：「巴黎和紐約是時裝的兩個中心。每年春秋二季有著時裝的大競賽，成功的一家服裝店發了大財，其餘的便趕去替成功的一家製新貨。一件時裝的成功要費去一年或半年的細心製作，而且每個時裝公司都要秘密地在地室或密室中製作，恐防式樣給人家偷看了去。」〔註18〕

　　在時裝發展方面，必須要提到旗袍，這是代表中國女性的具有標誌性的服裝。

　　中山裝是男人的服裝，到了 30 年代旗袍作爲女子服飾已經相當成熟，並且成爲一種流行，雖然其發端於 20 年代甚至 10 年代，但其眞正代表女性並爲她們廣泛喜好的服飾卻在 30 年代。

　　旗袍是中國女性服裝最高境界的服裝，是中西合璧的產物，既有傳統的中國文化，同時也吸收西式服裝的理念與裁剪方式。有人說：「近日旗袍盛行，摩登女士，爭傚滿裝，此猶趙武靈王之服胡服，出於自動，非被強迫而然者。」還說：「自古滿服之入中原，皆未及於婦女，近世婦女服裝之異於古昔者，但自襌變耳。惟近日婦女，競易旗袍，此亦古來未有之大變也。」〔註19〕在這裡，一方面是說旗袍已被女性爭相穿著，另一方面也說明了旗袍是中國民族服裝的延伸，是「古來未有」的一大創造。

　　這種說法是代表一家之言，旗袍與滿族服裝是否眞有關係，也只代表他個人的看法。不過旗袍的出現，改變中國婦女的穿著是有劃時代意義的，因爲它眞正成爲中國婦女的經典服飾，代表了中國的文化。沈守中《從時裝說到裙》：「現在我國最普遍的服裝是旗袍，旗袍風行的歷史，差不多有五六年了，到如今非但一點沒有改變，而且愈來愈普遍了，所以我們可以說，一九

〔註17〕　《婦女雜誌》第 16 卷第 12 號（1930 年）。
〔註18〕　《婦女雜誌》第 16 卷第 12 號（1930 年）。
〔註19〕　趙振紀《中國衣冠中之滿服成分》，《人言》1935 年第 2 卷第 15 期。

三二年的中國婦女界服裝代表，還是旗袍。」〔註20〕

　　由於人們不斷地追求旗袍的變化，卻忘記與身體的契合度，因此有人提醒說：「服裝更須切近潮流，目今雖一律旗袍，但其尺寸式樣，適合身體為最唯一原則。例如袖口之長短，腰身之大小，開叉之高低，須視身材而定，蓋稍一差誤，穿在身上，且不雅觀，不雅觀即不能使人注意。」〔註21〕這在某種程度上來說，穿著旗袍對於身材的要求是很高的，如果不能達到，則會有「不雅觀」的效果。

　　30 年代早期，流行的是長下擺旗袍，而這種旗袍妨礙行走，甚至會造成摔跤的結局。有人就說：「有些婦女的裝束，的確有點不合式，旗袍太長，幾乎拖到地上，行走很不方便，高跟鞋子的跟太高了，有點立不穩。有一回，聞說有一個女人從電車上下來時，長袍絆住了鞋子，一交跌倒在車旁邊，雖然沒有被車輪碾著，但受了傷，送到醫院裏去了。」〔註22〕

　　除了旗袍本身的問題外，還存在婦女不顧自己的年齡而穿著旗袍的現象。針對這種情況，葉淺予就有《寫作「春秋之裝束」前面》一篇文章：「試觀目前中國婦女界裝束的現象，大概已從舊的束縛中跳了出來，漸漸的走上了正確之路；不過一般的人仍是盲從著

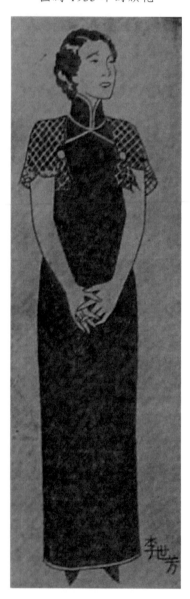

圖為 1935 年的旗袍

〔註20〕　《時事新報》1934 年 6 月 20 日《時裝周刊》第 6 期。

〔註21〕　《女子服裝與年齡密切關係》，上海《時報》號外 1934 年 2 月 27 日《服裝專刊》。

〔註22〕　克士《關於婦女的裝束》，《東方雜誌》1934 年第 31 卷第 19 號。

衣趨時的風氣，所以半老徐娘會學著少女的時髦，穿了緊窄短俏的旗袍，表現出來一種醜態。」〔註 23〕這裡，作者從服裝本身來談年歲較大的人穿旗袍並不好看，對當時一窩蜂地追逐時髦的旗袍提出批評，也反映當時旗袍火爆的場面。

其實，旗袍的長短，是不斷地流行的，而且幾乎每年都在發生變化。

旗袍本來從前是旗人所穿的，但是到了目今呢，卻成為摩登的時裝了。一般摩登的小姐們別出心裁，縫製各式的旗袍，什麼黑下配白邊及各種的配稱，使得一件旗袍能夠得到美的姿態，現在且把旗袍的沿革來講一下。

最初的時候，一般小姐們所穿的格式差不多多是短袖，長並不見長，大概在膝蓋的下面，這就是所謂短旗袍，到後來盛行的格式就是長袖，它的長要差不多到腳板上為止，很顯得姑娘們的美麗，這就是所謂長旗袍。

現在所謂盛行的式樣，就是短袖，它的長在腳板的上面，開跨也開得很高，有的差不多竟到膝蓋，此即所謂 1933 年最摩登的格式。〔註 24〕

以上三種，多是過去的沿革，到了 1934 年，有人突發奇想：為 1934 年旗袍設計了一個最新款式，定名為「螞蝗式」。還說：但是諸位摩登小姐們你們做得不好，且莫來怪我，現在向諸位介紹一下。

衣料：最好用黑色，及其他顏色之軟緞，還加白色軟緞，或紅色均可。

裁制：長度照 1933 年式一樣，但袖口應改至肩處，袖口須用寬緊，使其緊粘皮膚，餘尺寸均依個人之尺寸而定，但腰身宜稍緊收。

配稱：衣黑色者可配白色軟緞，（即四處鑲以約二寸許之白軟緞）在袖口處用白或紅色軟緞，袖口四周鑲邊，約五寸許，但須使其高起，像蝴蝶邊一樣，高高聳起，配以玉色的手臂，殊不美哉。〔註 25〕

後來，旗袍也不斷改進變化，在旗袍邊沿進行鑲嵌就是一種表現形式。方俊人在《服裝的藝術線「滾」「鑲」有不可磨滅的價值》一文裏說：「至於旗袍的鑲嵌，當然要義不容辭去提倡才是，不過在一個過渡時期，遭人反對是必然。」〔註 26〕應該說鑲嵌對旗袍式樣的變化起到了重要的作用。

由於旗袍是中國女性的服裝，也受到美國、法國的關注，明華寫下一篇《西人心目中的中裝》的文章，就證明了旗袍在歐美的流行：「在 1930

〔註 23〕　《婦女雜誌》第十六卷第十二號（1930 年）。
〔註 24〕　《旗袍的沿革》，1934 年 2 月 27 日《時報》號外《服裝特刊》。
〔註 25〕　《旗袍的沿革》，1934 年 2 月 27 日《時報》號外《服裝特刊》。
〔註 26〕　1934 月 24 日《時報號外》第 16 期。

年的時候，四年之前的事情，美國不知道怎樣起了一種新鮮的花樣。女子們都穿起中國女子穿的旗袍來。那時候紐約的時裝展覽會中，各式各樣的中國女子旗袍，不計其數，在紐約的服裝店中，旗袍一天不知道售出百十襲之多。時髦女子當然不必說，就是平常亦有許多女子都穿著旗袍的，甚至有許多連這是中國式的旗袍都沒有弄清楚，而穿在身上以為是巴黎的新式樣的女子裝束。這時候在美國的電影城好萊塢中，亦有一部帶著這風尚之好。有許多女明星都穿起了長衣來。在大宴會上，更多旗袍的足迹，以為美麗。」〔註27〕

當時紐約的 LADY 服裝雜誌上面說：中國的旗袍在宴會席上，實在是一種很幽雅的衣著，能夠儘量的現出人體的線條美麗來，而袍子上面因為沒有帶子的緣故，上下可以十分的整齊，沒有細帶的褶皺，更不必怎樣的當心，雖然出外去，或者運動等是不很適宜，但可以當作女子的一種大禮服。雖然美國盛行女子旗袍的裝束，只有一個短時期，不久就沒有這一風尚而調換了另外一種的時裝，但是旗袍的風氣在那時候卻流入了法國的巴黎。〔註28〕

與旗袍相搭配的是高跟鞋。從 30 年代起，無論是穿中式旗袍，還是西式長裙的女性，腳上無一例外都是一雙高跟鞋。這可是從當時的月份牌廣告或影刊畫報上的美女倩影中得到的證明。30 年代的婦女雜誌《玲瓏》，它在中頁用整整一版篇幅介紹了婦女們的鞋子。那是１０雙最新潮的高跟鞋，有的鞋面緊緊裹著腳，只在腳趾頭上露出一個孔；有的鞋面上綴著一隻小小的蝴蝶結，蝴蝶結周圍有許多小孔。總之，１０雙皮鞋款式各異，有端莊型的，有活潑型的，而且每雙都是高跟鞋，那跟足有三寸高。　穿高跟鞋必須是天足女子，那些當時死活不肯纏足的女子這時候討了巧。穿上高跟鞋後必須挺胸收腹，於是身材就顯得挺拔，而且三寸的跟使身材變得修長，配上流線型的旗袍或是曳地長裙，更突出了女性的曲線美。難怪高跟鞋一傳入上海，就在摩登女性中迅速地流傳開了。

對於高跟鞋，在 30 年代曾經進行過大討論，有人贊成，也有人反對，這種討論屢見於報端，可謂是不亦樂乎。其中有一名為松夫君的文章，認為不必對高跟鞋一律打到，可以進行改良。為此，大輪《討論〈高跟皮鞋〉》：

〔註27〕 1934 年 2 月 20 日《時報》號外《服裝特刊》。
〔註28〕 1934 年 2 月 20 日《時報》號外《服裝特刊》。

松夫君對於高跟皮鞋提出三點來討論，就是「打倒乎」「存在乎」「提倡乎」，最後松夫主張提倡而加以改良，但是我有一點小意見，適和松夫君相反，不敢貿然贊同……查高跟鞋子，起源於熱帶，因為熱帶的太陽光極猛烈，射在地上發出燙人腳底的熱度，使腳底不和地面接觸，而避免傳入腳底，但是上海既不處於熱帶地位，夏天的柏油路上雖也有些燙人，而華貴的摩登女子們，又不是如黃包車夫一般赤著腳往街上走，所以大可不必穿高跟鞋子，這是我不敢贊同的一說。穿了高跟鞋子，把身體擡起來了，走起路來，當然很覺不便，搖搖欲墜，常常有些身不由己，一不小心，便要摔交，在平坦的柏油路上走還好，在光滑的石子路上更是易跌倒。跌倒了不惟美麗的時裝要弄污，並且還要受旁邊無聊的男子們調侃玩笑。而受窘，碰得不巧，誠如松夫君所說的遇到市虎，生命也危險，這也是我不敢贊同的一說。

我們知道，生產是女子的天職，這是誰也不能否認的，不知穿高跟鞋子，把腳跟墊起來了，身體便發生傾斜，這樣的常常傾斜，最易使女子的骨盤失其常度而變成斜側，骨盤斜側了，分娩時往往發生難產，恒逾時甚久而胎兒不下，也有因此而失去生命的，雖然這樣的事情不多見，然而難產的痛苦，也足夠受用了，這也是我不敢贊同的一說。

有人說「穿了高跟鞋子能夠充分地表現出女子的臀部美和人體美」，但是為了要表現出我們的人體美來，而貽莫大的害處，我覺得這是不值得的事。〔註29〕

作者在這裡，用了許多反駁的話語，對松夫君改良高跟鞋子作出了回應。總而言之，一句話，就是反對高跟鞋子。

持有這樣的觀點的人不在於少數。李一粟《從金蓮說至高跟鞋》：「我以為穿高跟鞋，根本就是變態的纏足。纏足固然要反對，高跟鞋跟不應讓它有存在的餘地。」〔註30〕「從來女子們著了高跟皮鞋而上路，可以時常看見報紙上和談言中有諷罵的話兒，陳存仁先生曾把高跟鞋子痛罵一番，他說『著高跟鞋子是受肉刑，著高跟鞋子的人是做時髦的奴隸』。」〔註31〕

〔註29〕《時事新報》1932 年 6 月 26 日星期日《時裝周報》第 7 期。
〔註30〕《婦女雜誌》第 17 卷第 5 號（1931 年）。
〔註31〕 松夫《高跟皮鞋》，《時事新報》1932 年 6 月 19 日星期日《時裝周刊》第 7
期。

事實上，高跟鞋與時裝（特別是旗袍）進行一起搭配，可以說是十分完美。再說，這時候流行的旗袍是長下擺的，穿上高跟鞋顯得天衣無縫。「時裝是美麗的重要品，高跟鞋子是時裝的一件禮物，所以時裝很有缺不掉高跟鞋子的觀念，沒有高跟鞋子就不能表示出『美麗』。於是時裝只好等於五十九分，不能及格，如果著了高跟皮鞋，我們就要想到跌交的種種危險，於是我們就生了三個問題──『打倒乎』、『存在乎』、『提倡乎』。跌交的危險不僅是身上的美麗時裝受不了污穢的東西，而且恐怕有生命的危險呢──就是遇到市虎。關於『打倒』和『存在』二個問題的準繩上，而已經說過了，讀者們自可明瞭。」〔註32〕

時裝也需要講究搭配，沒有就不會產生好的穿著效果。「時裝是一個多麼好聽的名詞呀，都會中的女性、大半都被這兩個字蒙混了，她們看見了，或聽到了一種服裝，便不顧及自己的年紀、高矮、肥瘦，強自去模仿它，譬如現在高跟鞋很時髦的，她一定也去買一雙來穿，不知道的身體已經是很高了，再加上這樣的一雙高跟鞋，那麼長得像電線木頭一樣，是多麼難看呀。譬如現在很行白色旗袍，你的面孔不是很白的，你卻要掩飾它的黑，那麼穿了這樣顏色衣服，再會白嗎。譬如你的年紀，已經很老了，你卻不服老，偏要模仿年輕女子，捲曲了你的髮，如高了你的鞋跟，那如在晚上，別人看見了，一定當你是一個鬼了。真正的時裝，合理化的時裝，不必定要有絲綢綾緞，才能做成，就是一幅土布，我們也能做成一件很好的衣服，因為時裝在於剪裁的合式，決不在乎衣料的貴賤，不信，你們且看彳亍於西門道的女學生，她們的衣料大半是二一二、青竹布等，然而因為剪裁的合式，又有那個看了說它是不好看呢。」〔註33〕

眾所周知，時裝是服裝發展過程中的最前衛的樣式，反映的是民族的文化與精神；正是在這種文化與精神的導引下，30年代的其他服裝也會隨之發生變化。

在兒童服裝方面，這時候也有了長足的發展，特別是在人們認識到兒童是祖國的未來，他們的服裝是中國服裝服裝裏不可或缺的一部分，因此應該為他們設計各種各樣符合他們身份和身體條件的服裝款式。

〔註32〕 松夫《高跟皮鞋》，《時事新報》1932年6月19日星期日《時裝周刊》第7期。
〔註33〕 麥穗《時裝的要點》，上海《時報》號外《服裝專刊》1934年2月27日。

1934 年 2 月 27 日上海《時報》號外《服裝專刊》發表了《兒童服裝》一文，就表達這樣的觀點：

兒童是將來中國的主人翁，當然兒童的思想、動作與及一切，都應該設法整頓，尤其是兒童的服裝，更是講究，這樣便能使兒童天眞活潑，不過兒童服裝首先要經濟、清潔、耐用，現在有八種合於兒童熱天所穿的衣服，列在下面：

（1）女學生裝，衣用白斜紋布，領帶和褲子用黑或藍布。

（2）天眞裝，白衣黑褲，要弔帶。

（3）蝴蝶式裝，頭上縛一朵粉紅色的蝴蝶（或花布），衣用淺紫色，還有衣腳用各色大小蝴蝶來點綴。

（4）水手裝，這種裝束穿起來雖是很普遍，但小孩子穿起來還是清美可觀。它的顏色，衣用白綢布，領子用黑或藍作邊，褲子是跟著領子色來配合。

（5）舞衣式裝，衣色蘋果紅，衣袖衣領和衣腳是用圓角，且有兩層，外層用黑色作邊，內層用白色，比較外層闊點更好。

（6）勞動裝，衣色白，配黑領帶，挎長至鞋面，高至胸前，褲上造小袋兩隻（前面又要有兩隻長而不闊的袋）。

（7）歐美裝，這種裝束女孩子穿著格外好看，所用材料亦很簡單，領塊上用荷葉式好看，色淺黃用深黃色作邊，領中間開深紅色的紐扣三粒，衣橙色，腰小衣腳闊大，成條摺形，用深橙色最好。

（8）中山裝，這種裝束是我們的國父孫中山先生所穿，兼而它又以經濟，又美觀、輕便，是最適合小學生用，衣色以白色爲佳。

以上八種不同的服裝，製作時顏色可以改變，不過務須要採用國貨原料。

〔註 34〕

〔註 34〕1934 年 2 月 27 日上海《時報》號外《服裝專刊》。

圖為 1934 年設計的 8 種兒童服裝

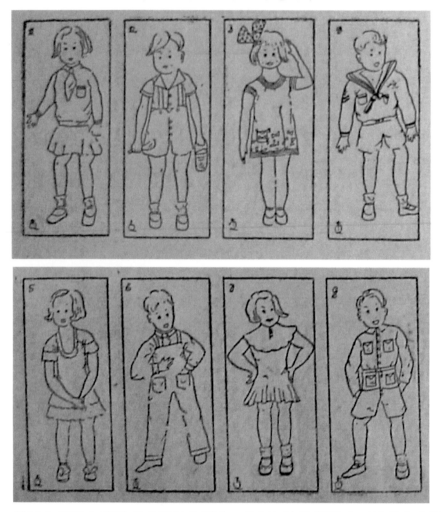

當時在報紙上刊登兒童服裝的廣告：「上海時裝綢緞公司特設兒童服裝部：兒童心性天眞活潑，使穿了不稱身的衣服，即使兒童失卻活潑動作，危害發育，匪淺本公司有鑒於此，特設兒童服裝部專爲兒童服務，倘蒙惠顧，曷勝歡迎。同孚路上海時裝綢緞公司」〔註35〕

　　除了兒童服裝，運動員的服裝也引起人們的注意。一個運動員的服裝，亦隨著潮流的變遷，年年有年年的改革和不同，回憶到從前，十年以前的時候，那時女子體育尚是幼稚得很，很少肯在大庭廣眾之下，拋頭露面，即使發現了，所著的運動衣，很少注意到舒適和方便，除了頭和手以外，決不肯

〔註35〕《時事新報》1932 年 6 月 19 日星期日《時裝周刊》第 7 期。

有一部分給我們看見，男子的運動裝，活像是一個小丑，在現在看起來，是極可笑的事情，頭上戴一個帶色的小帽，穿一條不合身段的褲子，長可及膝，幾乎可以和一雙長統襪子接連著，雖然遠較穿長袍馬褂的方便得多，但是在現在論起來，只好跑跑跳跳，談不到成績的優勢，像這樣的經過一個長期時候，女子運動亦漸漸的多了，當上屆在杭州開全國運動會的時候，男子方面不去談它，因爲已經合乎運動服裝的式樣了。單說女子方面，各地方的女選手，還保留著不肯暴露他們的羊脂白玉的原則，那時候出來了幾個女英雄，大家還記得吧，哈爾濱的孫桂雲和王淵等，上衣由單袖子一變而爲背心式樣，短短的小褲兒，光著腳，確乎極引人注目，其次上海和廣東的選手，亦因爲環境的不同，已經改革了，一直到上年在南京開全國運動會的時候，更進一步的達到普遍的程度了，光腿露臂的，已經和男子站在同一的水平線上，由那簡單的服裝上顯出那健而美的體格。〔註36〕

三、搭　配

30 年代，總的給人一種感覺是比較花哨，已經完全改變傳統的樸實的穿著格調，主張要講究搭配，不僅穿得花花綠綠，而且還能夠搭配得當，才能夠更好地體現自我價值與時代的特徵。「天氣還沒有冷，馬路上的女人項頸上早已圍起狐狸皮來了。」〔註37〕這是當時比較流行的一種冬天裏的搭配。

飾品的搭配

這時候的圍巾已經十分流行，也增加了衣服的美感。有篇《婦女冬季圍巾》文章說：圍巾花樣翻新非常多。絲織的圍巾，是近年來最普通的一種了。另外還例舉幾種流行的式樣：「（一）今年有一種最流行的，是一種有寬緊力的絲圍巾，大約有一尺闊七或七尺長。一條圍巾上，有九種顏色，緋色、湖色，和黃色，或是紅色、黑色，或是六種顏色織成的花紋的。各種各樣，都用圖案來分配的。絲織的眼很大，但因爲寬緊的力量極強，所以平時收縮得和沒眼一樣。」（二）雙層絲織的；（三）絲織層很多，有三四分厚，正面和裏子一樣，反面是平的。（四）用四五種顏色絲織的。〔註38〕

30 年代，斗篷開始流行，成爲服裝搭配中很重要的一環。有一種斗篷，

〔註36〕　《運動員的運動衣，亦隨著潮流而變遷》，《時報・上海號外》1934 年 2 月 27日。
〔註37〕　克士《關於婦女的裝束》，《東方雜誌》1934 年第 31 卷第 19 號。
〔註38〕　《上海生活》第 2 號。

其面料是用軟緞做的，格外飄逸。「軟緞，的確是一種有『神秘性』的衣料，我記得以前曾有男子把它做長衫穿，不過光亮的正面，故意把它做在反面，雖然埋沒了它的本來面目，但亦覺飄逸雅致，風行一時的軟緞斗篷，在現在回憶起來，也覺頗有風頭。」〔註39〕

以黑紗纏臂，是對死者的弔念，這也是西方的文化習俗，到了民國時期，這種風俗已成為中國文化的一部分，是一種服飾的搭配。1935 年《首都志》載：「民國以來，效西俗者則以黑沙纏臂為服，一掃歷來斬衰、期功、是總麻之制，而齊民仍以循舊俗者為多焉。」〔註40〕雖然人們遵循舊的習俗，但是在很多地方，佩戴黑紗來悼念死者已經蔚然成風。

花邊原本在義大利等國，是家庭裝飾之用，後來傳中國，被運用到服裝中去，形成衣服的裝飾。由於這種花邊很好看，因此被女性所器重。為了擴大生產，在上海周邊的地區也同樣加入生產花邊的隊伍。

《掙扎在『花邊』圈裏的澔浦婦女》：「在澔浦口的幾個耶穌教徒，就把這『花邊』從上海帶到了澔浦來，真好，做一根線，有二三個銅板，十五個鐘頭的一天，可以做六七十根線，一月可以通扯幾十塊錢，那比做紗布好得多，而且省力，簡便，自由，不比那做紗布像囚犯般的整天坐在布機裏。於是你也去學『花邊』，我也去學『花邊』，只要眼睛好。發的人呢，看見『花邊』的利息厚，於是你也到上海去領來發，我也到上海去領來發，這樣地，把整個澔浦的婦女趕進了『花邊』的圈！」〔註41〕

這裡，可以看出花邊生產如何紅火。它從一個側面也反映了花邊對於服裝的影響程度。至今，在過去的老照片裏，常常會看到穿著帶有花邊的衣服的女性，這是一種真實的客觀現實的寫照。「至於衣裳之滾邊，不僅滾其邊，以滾邊用之花邊，鑲於胸前，滾於其他各部，則單調之格，亦可因此打破。……他如衣袋、腰帶、紐扣、縫紋，皆趣味寄託之處。是種趣味不欲其簡單，必使有千百不同之式，庶可以適應各個之性格身材感情也。」〔註42〕此段文字說的就是花邊的裝飾與作用。

〔註39〕 《求愛與婚期——不妨試著綾綢》，上海《時報》號外 1934 年 2 月 27 日《服裝專刊》。

〔註40〕 《中國地方志民俗資料彙編·華東卷》上第 357 頁，書目文獻出版社 1995 年版。

〔註41〕 《婦女生活》第 1 卷第 4 期（1935 年）。

〔註42〕 寫一《一個婦女衣著的適切問題》，《婦女雜誌》第 16 卷第 5 號（1930 年）。

顏色的搭配

顏色與服裝的搭配，也是 30 年代服裝史上很重要的亮點。「愛美色是人的天性。小孩子剛會握著小拳頭斜著身子要東西的時候，他一定喜歡要紅紅綠綠的東西，穿起衣服來也一定愛穿花的。這種天性，在女子尤其明顯；它跟著年齡同時發展，一直要到被人稱爲老太太后，才稍稍斂迹。」但是，顏色對於不同的文化概念的人來說有不同的理解：「比方一位鄉下姑娘穿了紅衣服，綠褲子，紅襪子，藍緞繡花鞋子，走到城市裏來，她們自以爲是美麗極了，可是給城市中人看了，終不免要說一聲鄉氣。爲什麼好好的衣服，一穿到鄉下人身上就會發生鄉氣呢？大部分的原因，就是因爲鄉下人不懂得調和色彩。」「新娘要穿紅衣服，玫瑰花表示愛情，都是爲此。黃色一種愉快的顏色；紫是帶著貴族性的色彩，表示奢侈、尊貴和神秘；藍色一種撫慰恬靜是顏色，用於書齋、臥室裏，都是很相宜的襯色。」〔註 43〕很明顯，不同的人對顏色的理解也是不同的，但城市裏的人對於顏色與服裝的搭配應該是基本是一致的。

對於這種穿著搭配，在社會上引起很多人的反感，並提出了批評。

有的認爲，花花綠綠的衣服，並不適合每個女性。克士《關於婦女的裝束》：「近來有人覺得女人的裝束太花色，太奇特了，主張應該加以改革，穿得樸質一點才是。這話當然也有理由的。但是在實際上，並不是所有女人都穿得花花綠綠，有些女人的裝束是合式的。」〔註 44〕

也有的認爲，穿著衣服要有美感，而不能不顧氣候、自身條件等因素。葉淺予《寫作「春秋之裝束」前面》：「裝束之中現在，已逐漸進化而成爲一種藝術的表現。一襲新裝的應合於美的條件，根據於剪裁、色彩、圖案，三者的調和，而以適合服者的身段及地位爲必然的理由。……有點年輕的小姑娘也照著她媽媽的式樣縫成一襲新衣，掩沒了她青春的美麗。這類錯誤的裝束，在她們自己當然絲毫不以爲然，其實，每每給於諷刺畫家一個極好的題材。目前還有一個普遍的弊病，就是不能隨氣候的轉變而適合時令的環境。作者的旨趣，大概是站在旁觀的地位，聊作指正，希冀中國的服裝全般引入於正確之路，卻不敢過事誇張，掀起一層大浪。」〔註 45〕

〔註 43〕夏行時《顏色的選擇和配合》，《婦女雜誌》第 16 卷第 12 號（1930 年）。
〔註 44〕《東方雜誌》1934 年第 31 卷第 19 號。
〔註 45〕《婦女雜誌》第 16 卷第 12 號（1930 年）。

面料的搭配

在面料搭配方面，在 30 年代人們有各種禁忌的，有的面料是被認爲是妓女所用而遭到唾棄，如雲紗栲綢就是一例。

陳婉慈《服用雲紗栲綢是下流化了麼？》：八月十九日《新民報》南京版上載有胡瓢蓬君的一篇文章《海化的流傳感冒，黑香雲紗夏季裝》，分爲兩段內容。前段說：「上海的一般妓女看重了它，差不多每個人都是香雲紗栲綢來做旗袍，後來漸漸傳播到舞場去。舞場裏的舞女也應聲而起，一律穿香雲紗栲綢。」後段則說：「舞女是需要摩擦的，把它做衣料，是恰到好處，太太小姐要把它穿在身上，而且公然出入交際場中，似乎有傷大雅；這也可以想南京摩登的風氣之上海化，俗惡化，不簡直是下流化！」〔註46〕

作者對以上論點進行了批駁：「不吝對於胡君這番『宏論』，不甚了了，因此敢以愚見質之胡君。」一，試問香雲紗栲綢這種衣料，是否規定了只有那一種人才可以穿的？二，試問香雲紗栲綢是不是國貨？三，試問爲什麼妓女、舞女採用，其他的人就決對不該服用？四，如果我們服用國貨，那種衣料才算是不俗惡化，不下流化？

這四點中，第一點本來可以不必再加說明，因爲香雲紗栲綢，作者也知道它的出產是在廣東，在那裡，每當夏季，無論男女老幼，貴族平民，都無一不喜歡這種衣料，也從未聞那種人才喜歡這種衣料，也從未聞那種人不應該用這種衣料，所以我要問。

第二點，香雲紗栲綢既是廣東的出品，並且因爲它質料的優良，所以價格也高至一元七八角一尺。爲什麼人都無不樂於服用，遂不得不在質料的優劣上定比較，而有幾種價格。它雖然有貴有賤，可是總是國貨。如果我們捨國貨而不用，應該要用什麼貨呢？

第三點，胡君原意認爲香雲紗栲綢既爲妓女、舞女們所服用，則其他人物，就不該再用。但我實不明白此中的道理。如果眞是因此「有傷大雅」，那麼妓女、舞女都吃飯，其他的人是否應相率餓死？

「在愚見，以爲服用香雲紗栲綢，不但不覺俗惡和下流化，而且還合乎新生活的標準。因爲香雲紗栲綢，穿起來既極簡單樸素，又因每日必須過水一次而清潔異常（不常過水有汗起白點，事實上不能穿出去）。」〔註47〕

〔註46〕《婦女共鳴》月刊第 5 卷第 9 期（1936 年 10 日）。
〔註47〕《婦女共鳴》月刊第 5 卷第 9 期（1936 年 10 日）。

洋貨面料也是當時引起激烈爭論的焦點。由於洋貨有先天的優勢，國產的面料無法與之競爭，但其又是中國貨，中國人的服裝如果不用則嚴重打擊中國的紡織業。在此糾結之中，有人就做了調查：「我曾經詢問過我女友們：『你們為什麼剪起衣衫來總喜歡洋貨？』她們對於我的問語，總不能立時回覆，必須經過相當的沉吟，然後淡淡的答我：『現在外國貨時髦呀！』我又聽見過幾位在上海大綢緞店裏的夥計的談話：『幾位有錢的太太小姐踏上來總是詢問有沒有外國新貨到。我們假如說沒有，而告訴她們說有新奇的中國貨時，她們一定要搖頭譏笑！』於此我們可以知道「崇洋媚外」是現代婦女們的所謂漂亮和時髦。〔註 48〕

關於用洋貨還是國貨，在當時的報紙刊物上經常爭論不休，特別是當國家遇到與歐美以及其他國家之間發生經濟、政治、軍事等方面的紛爭的時候尤其如此。

四、差　別

30 年代，中國人的服裝差別是很大的。這種差別表現在：一是對服裝的功能而言，二是城市與鄉村而言。前者是服裝本身的功能，而後者是指的是穿著的方式。

在這個時期，服裝無論在城市還是農村都是禦寒遮體的主要工具，特別是天寒地凍的北方，在這些地方服裝的主要功能是保暖，而不太講究外表的華麗。1938 年《西豐縣志》記載：「氣候因地帶而分寒暖，衣服以寒暖而分厚薄，此天然之趨勢也。至若富者尚華美，貧者重樸素，此則生活程度使然。」〔註 49〕其實即便如此，有人也指出服裝也是地位、金錢的象徵。克士《關於婦女的裝束》說：「我們平日的見解，總以為衣服鞋襪是禦寒和禦熱的。多天因為體溫容易散去，所以要穿點衣服。熱天因為恐被烈日曬傷皮膚，所以要穿件衣服，並且可以滲汗。農人夏天去耘田，須戴涼帽和穿件衣服，便是這個意思。鞋襪當然是保護腳用的。從這種見地說起來，衣服鞋襪當然須適合於生理和衛生，和便於操作，否則就不適用。……有閒階級所穿的服裝，並不是由於要保護身體和求適合於衛生上的原則，自然更不必求輕便和適合操作了。它的主要的作處，是表示伊們的地位、身份、有錢等等。」〔註 50〕

〔註 48〕　露珠《婦女的衣料問題》，《人言》1935 年第 2 卷第 23 期。
〔註 49〕　《中國地方志民俗資料彙編・東北卷》，書目文獻出版社 1989 年版。
〔註 50〕　《東方雜誌》1934 年第 31 卷第 19 號。

在夏天，農村的服裝所製作的一般都是十分普通的棉布面料，很少使用絲綢、呢絨之類。

其顏色也都以青藍爲主，其款式爲短衣，方便生活、生產，男女基本如此。《惠來縣志》1930 年：「婦女妝飾淡素，窄袖短裳，或結草以髻，或束髮盤雲，雖或家有羅錦，猶勤於女工」。〔註51〕

這時候，中國廣大地區一般都採取就地取材來製作衣服，自給自足，也很少對外進行交流。「西豐居民，普通惟布一種，以北地多寒少蠶桑故也。近來產有山蠶一種，土人雖解製造，然成絲之後盡數運之於外，雖有織爲蠶綢者，爲數極少。是以人民一絲一履亦必向商家購用，以故僅可障身，曾無箱篋之蓄積。著綢緞、呢絨者甚少，單、夾、棉隨時更易，在極寒極暑之時，亦鮮有用裘、葛者。農人俱服短衣，以其便於操作也。衣之顏色，以青、藍爲尙，灰色亦多，紅、綠之色，婦孺間有服之者。至皮帽、氈鞋，銷售最多，即此可見風俗之大概與氣候之寒冷矣。」〔註52〕另據 1930 年修編的《恒仁縣志》記載：「民人普通衣服，惟布一種，服綢緞、呢絨者甚少。顏色之中，以青、藍爲多。夏單、冬棉、春秋夾衣，隨時更易，寒暑兩季，用葛與裘者亦少。平人長衫短褂，農人俱服短衣，便於操作。帽，夏用草，春秋用緞與氈，冬用皮、絨。鞋，冬用棉與氈，春秋夏三季，用夾。女裝，服裙者甚少。民戶婦女亦有服綢緞者，於慶弔之時見之；男子則只用隨時便衣，著禮服者甚少。」〔註53〕江蘇《盱眙縣志略》1936 年記載：「關於衣之部分，向無奢華習氣。除少數富裕之家及服務社會者外，大多數均衣粗布，而鄉間農民夏日多赤膊，冬日僅有短棉襖褲以禦寒，更無所謂式樣之新舊也。」〔註54〕

到了 30 年代，有的縣城開始有了「夏紗羅，冬裘緞」的習慣。過去紗羅、裘緞是有錢人的專用品，而一般人穿著不起。《信都縣志》1936 年記載：「近三十年來，夏紗羅，冬裘緞，必求其甚佳者，不惜昂值，即食不足而衣必華，居常亦爭相炫耀。」〔註55〕

〔註51〕 《中國地方志民俗資料彙編·中南卷》下第784頁，書目文獻出版社1991年版。

〔註52〕 《中國地方志民俗資料彙編·東北卷》，書目文獻出版社1989年版。

〔註53〕 《中國地方志民俗資料彙編·東北卷》第90頁，書目文獻出版社1989年版。

〔註54〕 《中國地方志民俗資料彙編·華東卷》上第538頁，書目文獻出版社1995年版。

〔註55〕 《中國地方志民俗資料彙編·中南卷》下第1032頁，書目文獻出版社1991年版。

　　在農村，人們依然自己紡紗、織布、漂染，製作成衣，一般情況下很少去購買衣服。《新安縣志》1939 年：「新俗，婦女於主中饋、佐農工外，兼能紡織縫紉，不能者恆被人訕笑，故農民之衣取請自製者十之八九，且多自織棉布。習慣服靛藍青色，初本用土靛染色，近洋靛色盛行，而土藍絕迹矣。棉花中有赭色者，紡成之布曰『土花布』，亦曰『子花布』，實則皆赭之轉音。鄉民之買布穿者十不一二，有穿洋布這者，則群目爲奢侈。近有穿市製鞋及機制鞋者，鄉前輩指以爲蕩子。」〔註56〕1937 年的《宜北縣志》也說：「衣服類皆土布，各家婦女自紡、自織、自染、自縫，最奇者，用至斜紋布、上海灰爲止。」〔註57〕

　　隨著穿著要求的提高，農村特別是縣城裏的人開始使用絲綢以及外來面料。湖南 1932 年《藍山縣志》記載：「男女服束，曩時布衣青鞋，今易以絲綢洋貨。」〔註58〕

　　這時候農村向城市學習服裝的現象屢見不鮮，也是中國服裝發展的一個規律，在 30 年代同樣如此。根據 1932 年《林縣志》記載：「在先，小康之家婚嫁裝奩裙襖、敞衣均用綢緞，今近代以洋布及各種絨麻織品。其服飾形式，因交通便利，常效聲都市，而爲生活程度所限，綺麗之飾亦僅限於爲新婦數年，通常皆大布之衣，巧者新潔，拙者敝垢而已。」〔註59〕從這則材料裏，可以得知學習城市服裝的首先是小康之家，他們一般有一定的財力；其次，一般是從新人開始，因爲他們年輕，喜好未來，因此往往會是勇敢的嘗新者。1934 年《獲嘉縣志》也說：「小康之家，兒女婚嫁亦略事採購，不常服也。近自洋貨充斥，花樣日新，價值高低不等，民間購服者日增，服飾之風較前略多。」〔註60〕這裡的記載，反映的就是這樣一種社會狀況。

〔註56〕　《中國地方志民俗資料彙編·中南卷》上第 309 頁，書目文獻出版社 1990 年版。

〔註57〕　《中國地方志民俗資料彙編·中南卷》下第 932 頁，書目文獻出版社 1991 年版。

〔註58〕　《中國地方志民俗資料彙編·中南卷》上第 591 頁，書目文獻出版社 1990 年版。

〔註59〕　《中國地方志民俗資料彙編·中南卷》上第 127 頁，書目文獻出版社 1990 年版。

〔註60〕　《中國地方志民俗資料彙編·中南卷》上第 70 頁，書目文獻出版社 1990 年版。

　　城市相對農村而言，是服裝發展最快的地方，單是民國成立以來，二十年間，這服裝問題，就年新月異，變換過好幾十種，由「大」的而「時」到「小」的，等到小無可小時，又逐漸的大起來，由「長」的而「時」到「短」的，到短無可短時，又逐漸的長起來。至於質料方面，製作方面，一切都在那裡變化換，單就婦女服裝上的領兒而論，什麼高領、低領、圓領、方領，以及五線鑲的元寶領，髮龍邊的絲絨領，五花八門，爭奇鬥勝。〔註61〕

　　在城市裏，衣服更多的是一個人的名片，人們津津樂道的是衣服。據說，有一位說書人張雲亭，「有一次他在某書場穿一件舊的布長衫上臺說，聽見聽客裏在議論他身上穿得太蹩腳了。第二天，不聲不響去買了一件新長衫，吩咐堂倌洗過後，用衣杆晾在書場裏面，他卻在房中抽大煙。開書時間到了，還是不出來上臺，堂倌再三的催他，他卻橫著頭只顧抽煙，後來等得實在太長久了又去催他。他別的都不說，關照堂倌去『起簽』好了。堂倌問他，何以不說書，便可向聽客去收錢呢？他卻笑著說：再班聽客是專門來看我衣服的，我的新長衫，不是掛在外面嗎？」〔註62〕

　　這則故事很能夠說明問題，在一些城市小市民眼裏，衣服往往比他的才藝重要。從這種勢利者的眼光中，也可以看出服裝對於 30 年代的城市裏的人來說是至關重要的事情。

　　這種以服裝來決定是否看重還是看輕別人的例子，比比皆是。

　　洛文在《上海的少女》一文，就說：「在上海生活，穿時髦衣服的比土氣的便宜。如果一身舊衣服，公共電車的車掌會不照你的話停車，公園看守會格外認真的檢查入門券，大宅子或大客寓的門丁會不許你走正門。所以，有些人寧可居斗室，餵臭蟲，一條洋裝褲子卻每晚必須放在枕頭下，使兩面褲腿上的折痕天天有棱角。然而更便宜的事時髦的女人，這在商店裏最看得出，挑選不定，決斷不下，店員也還是很能忍耐的。」〔註63〕

　　另外，在城市裏，有了各種各樣的制服，成為機關工作人員的標誌。

　　根據《孟縣志》：「機關服務人員一律制服，商民仍多服長袍，衣料向崇尚土布，極富厚之家始有哈喇、羽毛、蠶綢，男子親迎僅製斜紋布袍褂。自清季洋布盛行，幾難覓身無舶來品者，而綢緞衣服亦日見其多。鞋襪向多家

〔註61〕松廬《新裝學講義（一）》，《時事新報》1932 年 1 月 25 日《時裝周刊》第 1 期。

〔註62〕《服飾》，《上海生活》第 3 號第 1 期（1931 年）。

〔註63〕《申報》月刊第 2 卷第 9 號（1933 年）。

製，近則洋襪絲履舉足皆然，而家製之品用者寥寥矣。」〔註64〕在林縣，「士人多夏皆長衣。自民國十九年馮軍蒞汴提倡短衣後，凡在城服務人員一律改服西式短裝。」〔註65〕

由於機關工作人員制服的流行，也帶動工商等界也都穿著了制服。《封丘縣續志》1937 年記載：「自入民國，文明家多隨時尚，近則軍政學界均服制服，工商著大布，女子服飾亦不能齊，難以悉載焉。」〔註66〕

但在很多情況下，農村與城市的服裝是大相徑庭，或者可以這樣說，這是兩種服裝演變的路徑。

在甘肅農村 「衣食住，先敦儉樸。城市衣裝近趨時尚。婦女多剪髮，習於奢費。鄉村仍百年舊習，衣服寬粗，用土布，芒鞋不襪。」〔註67〕

在海南，「城市男子間禦西式衣服，女多剪髮作時髦裝。其在鄉間，男子仍粗布對襟衫褲，婦人衣色尚黑，高髻天足。」〔註68〕

在河南汲縣：「男子衣飾，多穿短衣，無間冬夏；紳耆及居於城鎮者始著長袍，質皆土布。婦女寬褲，而束褲管，衫長及膝。農事忙時，婦女亦緣南畝，頭覆藍布巾以禦日光。今洋布銷路侵入鄉間，衣飾亦稍趨時。」〔註69〕

在上海，農村與城裏婦女穿著同樣不同。「浦東的婦女，對於日常生活，可以說是非常刻苦的，無論衣啊，食啊，她們都是抱著菜飯香，布衣暖多宗旨，一碗青菜，可以做一天的菜肴，一件布衣可以穿三四年，和摩登女子的非大菜不吃，非綢緞不穿的情形，可說是絕對相反。」〔註70〕

除了農村與城市的服裝差異之外，還有地域性的服裝也是存在的，它們大多數是就地取材。

〔註64〕　《中國地方志民俗資料彙編·中南卷》上第 94 頁，書目文獻出版社 1990 年版。

〔註65〕　《林縣志》，《中國地方志民俗資料彙編·中南卷》上第 127 頁，書目文獻出版社 1990 年版。

〔註66〕　《中國地方志民俗資料彙編·中南卷》上第 58 頁，書目文獻出版社 1990 年版。

〔註67〕　《天水縣志》，《中國地方志民俗資料彙編·西北卷》第 201 頁，書目文獻出版社 1989 年版。

〔註68〕　《海南島志》，《中國地方志民俗資料彙編·中南卷》下第 1104 頁，書目文獻出版社 1991 年版。

〔註69〕　《汲縣今志》，《中國地方志民俗資料彙編·中南卷》上第 55 頁，書目文獻出版社 1990 年版。

〔註70〕　巴鈴《浦東的婦女》，《新人》1935 年 5 月 27 日第 1 卷第 37 期。

在一些地方，由於自然條件、交通運輸、生產成本等關係，人們的服裝是根據當地的物產而製作的。例如在青海，1934年：漢族「男子多衣褐布、洋斜布長袍短褂，婦女頭挽高髻，大致與內地相同。惟往年羊毛價廉，每百斤約五元之時，人皆自織自紡，衣多褐布。嚴冬寒天，率多衣羊裘，毛色尚黑。」〔註71〕

甘肅《重修靈臺縣志》1935年記載：「民國十年後，鄉間或有自行織紡，專用綿而不用絲，製造亦屬緊密。近者民風漸開，多尚新式，其間趨好外表標致之家購用絲綢，然十做僅見一二。」〔註72〕

在季節性服裝方面，農村的服裝大多分為兩季，即夏季與冬季，其服裝亦只是這樣的兩種而已。《西平縣志》1934年載：「衣服簡樸，多以棉布為之。其夏日衣紗，冬日衣裘者，百無一二。」〔註73〕《林縣志》1932年載：「林縣民間衣服以棉布為主，布皆自織，衣皆自縫，紡織、縫紉之事為女子責務，與炊爨同。普通上衣皆短衣，農工之人除冬春寒季外多散腿，著鞋而無襪，惟士紳及殷商富戶服長衣，用綢緞，有夏葛冬裘者。」〔註74〕

對於大多數農村或者小縣城來說，普通老百姓都是夏天穿棉紗短衣，冬天穿厚重的棉衣，而有錢人則夏穿紗衣，冬穿裘皮。

在大城市裏，男人在冬天裏也穿著西裝，正是這樣的現實，引發商家的注意，他們打出廣告，試圖吸引這一人群：「惠羅秋冬季西裝衣料式樣超群，舒適配身，質料優美，定價低廉。惠羅西裝部特聘富有經驗之歐洲技師，專制各式西裝，式樣上等，縫工精究，早蒙各界所贊。許近又到大批秋冬西裝，呢絨之料，均繫向歐美名廠定織，優美超眾，獨步海上，且其中每種只可做一二套，故一經裁制，可稱滬上無雙矣。」〔註75〕

婦女則穿著大衣來抵禦寒冷。有《婦女新裝竹枝詞》云：「素色輕綢作大衣，窄腰高領美相輝。亭亭綽態婀娜娜，履行來疾似飛飛。」注：婦女大衣，以白色綢緞為之，窄腰高領，益顯其姿態之健而美，亦夏裝中之別翻新裝者也。〔註76〕

〔註71〕 《最近之青海》，《中國地方志民俗資料彙編·西北卷》第262頁，書目文獻出版社1989年版。
〔註72〕 《中國地方志民俗資料彙編·西北卷》第184頁，書目文獻出版社1989年版。
〔註73〕 《中國地方志民俗資料彙編·中南卷》上第209頁，書目文獻出版社1990年版。
〔註74〕 《中國地方志民俗資料彙編·中南卷》上第127頁，書目文獻出版社1990年版。
〔註75〕 《申報》民國29年11月3日廣告。
〔註76〕 《時事新報》1932年6月19日星期日《時裝周刊》第7期。

五、形　體

　　30 年代開始，人們不僅僅談論服裝本身，而是講究服裝與身體之間的協調，強調形體之美，這與人們的開放的思想意識和西方人體審美觀念的浸染有著直接的關係。例如，這個時候開始關心腿與臀部與服裝的協調。

　　《腿與臀部》：「人體藝術，除了皮膚用粉、酒精、香水裝飾之外，最重要的，當然就是服裝的襯衫了。譬如，一個鄉下女子到大上海的都市裏來，她本來的面目是具有土氣的樸素美，但是不久她脫掉土氣的衣服，穿上時髦的服裝，即便如此，也不能表現出都市的摩登女子那種特具的美。因此服裝的藝術值得現在社會人加以深刻研究，尤其是女子的服裝，經過服裝的工程師（裁縫）努力不斷地在改造著、設計著，有如畫家在作繪畫，雕塑家在做石膏像，無論舊的翻新，新的翻舊，總具有時代的特性，為女人的肉體點綴得使一般人們引起一派春情的好感。概括地說，服裝無疑的含有藝術的價值，可供審美的人研究，所以，在不久之前，我有一個研究藝術的朋友，他打算開一家時裝公司，著重在女子服裝的打樣與設計，完全用藝術觀點著手，這計劃那時真的能夠實現的話，我相信現在一般摩登女郎的服裝已改造成為最高的頂點，巴黎女子應有望塵莫及之慨了。最先，我們要曉得人體的藝術美，最能觸動感官的是「肉色的粉腿」，和「高聳的臀部」。但是，在這裡就可以看出服裝襯托的效能了，因為同是一個女人，穿某一種服裝就不能充分地表現她底『腿』與『臀部』的美，另換一種服裝卻能引起一般人的注意，含有偉大的藝術的美。」〔註 77〕

　　作者還認為：能夠表現「腿」與「臀部」的美的服裝，在這炎熱的夏季，卻有兩種，一種是適用於肉體豐滿的含有西洋人風趣的女性，她穿著現在正流行的露胸裸腿的西裝，即可以把她底胸部美儘量地表現著，又可把「腿」與「臀部」的曲線顯露出來。這種西式的服裝，如果一個不富有肉感的女性穿起來，反而顯出她底肉體的醜態，仍然是平凡而沒有藝術的美。那麼，一種修長的旗袍就適合於這種婦女的體裁了，長的旗袍，兩邊的開叉必須開得很長，使一陣夏風吹來那輕衫微顫地露出腿的美。腰身要做得適當的瘦小，但以不傷害肉體為限，使整個的肉體緊緊地包起來。最好穿起半高跟的革履，使臀部微微地高聳，在隱約中呈現著她的美。人是富有審美的特性，過分趨於奢華的時髦在經濟落後的中國當然不甚相宜。但是，以最普通的代價

〔註 77〕　《時事新報》1934 年 6 月 20 日《時裝周刊》第 6 期。

而改造人體的美,卻值得我們效學的吧。上述這兩種服裝能充分表現出「腿」與「臀部」的美,所以舊時精華的短衣短褲的女性服裝無形地會打倒了,旗袍的種類固然很多,但是這種長叉的卻富有藝術美,是最值得注意的一種。〔註 78〕

在這篇文章裏,作者不僅談到了服裝的藝術美感,同時,也認為女性最有美的旗袍是長的開叉很高的一種,最值得提倡。這種旗袍,沒有奢華的布料,也沒有高檔的做工,僅僅是因為將旗袍包裹在身上,體現出現代女性的曲線美,而符合時代的服裝發展的潮流,也給社會一種美感。

也有人追求髮型美,同樣與服裝相關,只不過讓人們關注的目光轉移到頭上而已。

那時北平有位名閨俞麗娜小姐,發表了一篇她的 1934 年女界新服裝方案,大聲疾呼,應廢除病態美,而取法男性美等,她說道:「今年我們所穿服裝,應廢除病態美,而取法男性的健康美了,至女性衣飾最明顯的特徵,即在於闊背,左右兩肩上面,補兩三重的花樣褶皺,把背部加以擴大,兩個肩膀,成一直線,肩膀上的褶皺,看來如蝴蝶的兩翼,像天使裝束,顯示神秘的風韻態度,頭髮的式樣與裝飾,也應該變化,時髦式的頭髮式樣,須要精巧的技術,頭髮的曲線美而大,彎曲僅兩三節,好像緩流的水波似的,頭髮分成左右各一,用辮形裝飾界限,插在髮上,釵的色彩,應用銀色或金色。我們應利用頭髮來改變面貌,調和面孔的長短廣狹,一般時髦女郎已經講究頭髮的美觀,蓋女性美麗的重心點,已經不在手部臂部胸部,而轉移到頭上來了。」〔註 79〕

此外,穿著輕薄的衣服,是現代社會女性的需求,是一種身體與服裝的搭配。女性為了滿足自己身材的要求,常常喜歡穿著很薄的衣服,這種只顧好看而不顧保暖的狀況,很容易引起感冒等疾病。忻介六在《衣服的科學》一文裏說:「女性因為想把自己的姿態弄得好看,常歡喜著很薄的衣服。而這時同時也成為一部分學者的非難點了。據他們說,在青年婦女之所以呼吸器病特別多,完全是由於歡喜著得薄,而易受感冒所致。當然,在無數的婦女中尋找這種實例,多少總找得到能證實這話的材料。但是,就因了這點而非難穿薄衣,恐怕是很不妥當吧。這是因為他們一點也不去想著得薄的好處,

---

〔註 78〕 《時事新報》1934 年 6 月 20 日《時裝周刊》第 6 期。
〔註 79〕 《北平名媛俞麗娜——女性裝飾美論》,上海《時報》號外《服裝專號》1934 年 2 月 27 日。

而只管指摘壞的地方的緣故」，「近來上海一帶的婦人衣服，已很顯著的有趨於著薄的傾向，但內地一帶仍保守從前的惡習，或者視新式的服裝為可鄙，甚望賢明的婦人們，不要發生這種偏見，使婦人得於肉體和精神方面都能完善的狀態上發展起來，達到比今日更好的結果」。〔註 80〕

在談身體與服裝的搭配上，更有人講到所謂的黃金律。李寓一寫了《基於數學到裝飾原理》一篇文章。在這篇文章裏，作者特別談到了「矩形的黃金律」：「如婦女所著的衫與裙的高度比，設使衫的高度為三，裙的高度當為五，反之，裙的高度為三，則衫的高度必為五。前者屬新的玲瓏式樣，後者屬於舊的穩重式樣。……要是裙與衫皆是等長，那就成死板而不美觀的式樣了。」〔註 81〕這是用科學的方法來論證服裝與身體的協調，正是黃金律可以更好地穿出服裝的美。

這種講究黃金律的做法，是源於歐洲。「歐洲婦女由細腰而轉矩形身段者，亦為近年之新趨向。其初脫禁欲主義之束縛，曾有長期間之細腰大擺之轉變，在十八十九世紀間之畫幅中，大率為第三圖所附之式。我國昔時之衣裝之寬大者，亦因受禮教之制裁。近日方脫於禮教之束縛；故尚未及於其變之極。大多數雖細腰，仍束其胸，其軀幹之兩邊線，遂不得肌肉之曲線充分表白。其胸雖可束，其股不可束，其形成乃如第四圖，使失對稱之美。由此進化，或先解放其胸部，使如第五圖之式樣。經此之後，又或因生理之關係，乳部與臀部之發達，或過於豐滿，或發育不完全。其發育不完全，必加假裝，如西裝之以棉絮塞胸。及其極，則無可有益進矣，必轉換方向而崇尚如前第二圖之矩形身段。此種進化線索，──由寬大之禮服，轉而為細腰束胸之裝，而為放胸之裝，而為裝胸束胸之裝，而轉至矩形身段之裝。」〔註 82〕「近日新流行之裝束，雖有出手身極短極長之兩種相反趨向；但皆為身腰極細者。此細式較諸歐洲念年前細腰大擺。」〔註 83〕

30 年代開始，人們追求形體，盛倡曲線美，衣服又從寬博改變到窄小了，起初只是腰身和下擺漸漸縮小，到現在連袖管也盛行緊窄了。當然的，時髦大家都很喜歡的，於是從少數人而到多數人，到眼前，除了幾個中年人和老年人外，其他年青的小夥子們，打一半也穿著小袖管的衣服了。

〔註 80〕　《婦女雜誌》第 16 卷第 6 號（1930 年）。
〔註 81〕　《婦女雜誌》第 16 卷第 6 號（1930 年）。
〔註 82〕　寓一《一個婦女衣著的適切問題》，《婦女雜誌》第 16 卷第 5 號（1930 年）。
〔註 83〕　寓一《一個婦女衣著的適切問題》，《婦女雜誌》第 16 卷第 5 號（1930 年）。

　　有人認爲：小袖管的形式，是否美觀，現在我不去談他，我姑且來談談小袖管的是否舒適，和是否便利。第一小袖管的能否舒適，當然是一個問題，我們穿上小袖管的衣服，兩條臂一定給他扳住，綁住，血液的周流，自然有阻礙的可能，假使在寒天衣服穿得一厚，屈伸便更感不便，活動當然更不能自如，況且一個人的衣服，早晚終得脫下穿上，假使袖管一緊小，那就需要費去較多時間，而且一時還不容易脫得下穿得上呢。袖管緊小，給他扳住，綁住，當然談不到舒適，活動不能自如，當然不好算便利，所以小袖管既不舒適，又不便利，我們何取乎時髦呢，至少限度，我希望不要再縮小下去。〔註84〕

　　小袖管不僅妨礙勞作，不便活動，同時也影響血液循環，有礙健康。另外束胸是中國婦女長期以來所形成的習俗，有識之士早就呼籲，希望她們放棄舊習，穿著現代服裝，展現健康的女性。在許晚成《婦女放胸與時裝》一文裏，作者呼籲中國婦女要養成健康美：中國女子是注重外表的美，面部厚層層的白粉，唇部血赤赤的胭脂，頸部以下和她的身上，是否清潔健美，那不堪問聞了。一個女子不以外表爲美，注重內實的美，如營食充足，注重運動衛生，不用花粉，而有天然潔潤的肌膚，不施胭脂，而自然的唇紅齒白——健康的象徵——這是健康美——眞美。女子要求眞美，要注意健康，非放胸和改良服裝不可了。時當夏令，婦女們放胸露頸，像西洋女子這等的裝束——好樣應該學人家——把健康美完全表露出來，或是上衣——白色，——要頸項和胸前的一小部分露出，下短黑裙，何等的健美。不過這等裝束，有健康美的女子才現出她格外的美了。〔註85〕

　　爲了更加健康的生活，這時候有人就提出穿著短衣的建議：短衣運動，確是值得提創的，長旗袍不僅是像上期漢公君在忠實的勸告中所說的一些，就是平日做事，也會感覺到不舒服，像這樣的壞處正多著，所以起來實行提創短衣運動，也是一件必需要的事。

　　在南國一方面的少婦少女，多喜歡穿著短衣的，港粵的小姐們極摩登的小姐們，未嘗不是短衣一襲,來表現出她們地美麗來不過稍微在式樣上下一些功夫罷。

　　穿著短衣決不會損失你的嬌豔的，或者更會增加你活潑可愛的風姿來，

〔註84〕 沈舊我《談談小袖管》，1934 年 4 月 24 日《時報號外》第 16 期。
〔註85〕 《時事新報》1932 年 1 月 25 日《時裝周刊》第 9 期。

在春遊時穿著，真是最適宜沒有了，既舒服，又輕飄，又活潑，長度泄地的衣角，不致被野花閒草的枝節鉤住，就是行路，也可以免除意外地防備的煩惱，所以特地的，爲著小姐們，設計了三種短衣的樣式，希冀著你們起來提創，起來實行吧。〔註 86〕

　　這種提倡是針對女性穿著長長旗袍的背景下提出的，其實更主要的是人們思想的解放，和對人體欣賞的現代意識的提升。表現在服裝上，就是想要突出人體的曲線，通過服裝來更好展現人體之美。

　　爲了追求美，即使是上了年紀的老年婦女，也不惜怕被人笑話而大膽地穿著漂亮的衣服，因而有「背後美人」的稱呼。「滬濱有背後美人之諺稱，指中年或且及於邁年之婦人，亦效少女時裝，此誠不足言；然知識階級之婦女，近方以印度綢花料作楚腰短裝以入時，輾轉仿傚，成知識階級之普遍美。最近流行之式樣如第一圖，其兩腰之曲線凹入於腰裏。市俗效顰，更小之如束帛，其腰與股間曲線，乃完全裸露。是爲苗條之式樣，多宜於初成年女子。若中年婦女，其骨盆增大，亦相率而趨於此式，則盤然兩股，豁露於外，徒顯其醜。但婦女則如花已盛開，不如含苞初放恰到好處也。故中年婦女，苟採取第二圖式樣，含於兩腰間垂直而下，則苗條而端莊，恰如身分。」〔註 87〕

　　這種「背後美人」，在當時來說，並不被稱之爲追逐時尙，卻被認爲是不適合個性，而受到責怪。　「不以適合個性爲準則，而隨一般風尙者，更有人情趨下之傾向：人情之趨下，往往愈演而愈好曲線，裝束上尤易。今日方脫於禮教，已不獨爲女子，即男子之裝亦多曲線，曲線不足以言壯，足以影響於精神作用，使萎靡不正（振）相習既久，遂成繁瑣卑下之惡風矣。」〔註 88〕這顯然是抹殺了中年婦女愛美的天性。

　　但是也有人認爲，不同的服裝適合於不同年齡段的人群，特別是女性尤其如此。

　　《女子服裝與年齡密切關係》：「吾人於呱呱墜地之時，即有人以新衣一裹，捧上面前，此爲人生最初與衣著發生關係之起端，及長，衣服之穿著，更比幼時複雜，鞋襪帽子，無一可少，人類有男女之別，而衣著亦有男女之分，在婦女方面者，比之男子要緊，世界文化，愈演愈進，婦女服裝，亦隨之變遷，大概『三美三化』。何謂三美：曰曲線美、曰姿態美、曰

〔註 86〕　《值得提倡的短衣》，1934 年 4 月 24 日《時報號外》第 16 期。
〔註 87〕　窩一《一個婦女衣著的適切問題》，《婦女雜誌》第 16 卷第 5 號（1930 年）。
〔註 88〕　窩一《一個婦女衣著的適切問題》，《婦女雜誌》第 16 卷第 5 號（1930 年）。

健康美。何謂三化：曰現代化、曰摩登化、曰藝術化。千變萬化，各不相同，非但成衣匠發生麻煩，即是身為婦女者，亦感到困難。試問婦女對於衣著，究竟有否標準可言，則恐十人之中，答者無人，女子從十五歲至三十歲之五年，可稱黃金時代。在此時代中，包含之時期甚多，計有學生時期、處女時期、花信時期、新嫁時期、少婦時期、衣著在每一個時期中，必須有適當之衣料，與合度之式樣。學校為一教育機關，女子上學以讀書為女本，在學生時期之子，衣著要樸素，自由布、愛國布等衣料，最為合度、式樣方面以大方為上，決不可用曲線美、摩登化來買弄風騷。如是則可以表示女學生之天真態度，且可現出處女之童貞威嚴，在二十歲之女子，已到花信時期。」〔註89〕

　　這種不顧年齡而胡亂穿著衣服的原因，還在於：目今世界，只重衣衫不重人，若因為衣著問題而失去終身幸福，實在可惜，學生臨嫁時期，其應當所置之嫁時衣裳，更宜細心選擇，不可忽略，一年四季，單夾皆備，何種宜夏，何種宜多，花樣色彩，再三研究，不但可得到滿意之服裝，在金錢上亦可經濟，女子出嫁後，即為賢母時期。撫養兒女，至為繁忙，衣著不必過於奢華，土布嗶嘰，此其時矣。二十五歲一過，三十歲即在眼前，少婦時期已至，女子變成少婦，如好花將謝，則其服裝，又趨素靜（淨——現在應該是此字）一道，式樣務須誠實，其色彩以元色與灰色最為合度，總之，女子之服裝，時代年齡實有密切之關係。〔註90〕

　　由於人們追逐服裝的變化，全然不顧身體條件，造成不注意衛生的習慣。因此有人在《時裝周刊》第一期上就發表感言：

　　近數年來，婦女服裝花式數易，長短寬窄，雲時萬變，長則旗袍垂足，短則袖口露肘，寬則褲管盈尺，窄則束胸縛腰，種種危機身體發育之服裝，日新月異，居然全市風從，創作者美其名曰時裝，實則不啻當年纏足之弊也。且一衣之費，動輒多金，既不適於衛生，又不合乎經濟，言之實堪慨歎，嗟乎，吾二萬萬女同胞何輕觀服裝乃爾，亦無非為愛美觀支配所致也，社會對於婦女服裝之衛生，素少研究，報紙又乏相當討論，乃為少數人之作俑，竟致多數人之盲從，為害之巨，實可破壞種種之健全，是以前內政部有禁止奇異服裝明令之頒佈，然而言者諄諄，聽者藐藐，坐使流弊無已甚可慨焉，茲

〔註89〕上海《時報》號外1934年2月27日《服裝專刊》。

〔註90〕《求愛與婚期——不妨試著綾綢》，上海《時報》號外1934年2月27日《服裝專刊》。

聞本報增開時裝周刊，此後婦女之時裝，當可得有相當之貢獻矣。〔註91〕

　　類似的告誡，在報刊上經常可以目睹。有人就認為，「穿衣裳雖然是個小問題，卻是人生必需的要素，從大處看來，可以代表一國的民族性，小則亦可顯出個人的精神禮貌」〔註92〕，這種觀點顯然是有見地的。

〔註91〕　《時裝慨言》，《時事新報》1932 年 1 月 25 日《時裝周刊》第 1 期。
〔註92〕　松廬《新裝學講義（一）》，《時事新報》1932 年 1 月 25 日《時裝周刊》第 1
　　　　　期。

附　圖

中外中學教師合影

西式婚禮的裝扮

女子學校合影

鴻翔特刊

電影皇后蝴蝶

鴻翔裘皮裝

鴻翔夏裝

鴻翔新裝

鴻翔披肩

鴻翔模特裝

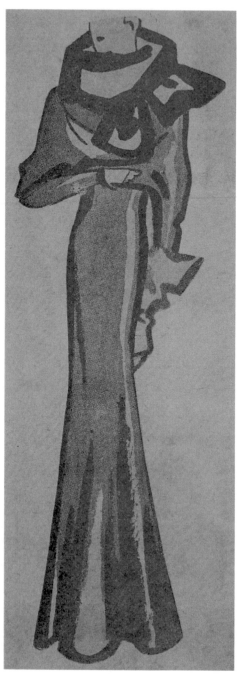

鴻翔長裙

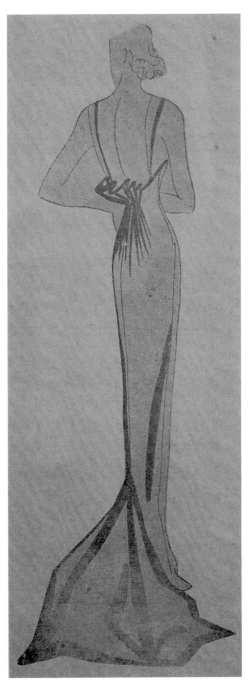

上海紡織印染廠廣告

上海先施公司時裝特刊

多重下擺女裝

束腰大衣

收腰衣服

毛領大衣

高領長裙

不規則下擺裙

楓樹葉花裙

手拎大衣

開叉旗袍

鑲拼裙裝

秋裝旗袍

淺綠色旗袍外加馬甲

富麗堂皇的衣服

下擺鑲花的長裙

全新禮服

玄色絲絨服裝

呢絨大衣

背心式禮服

絲襪廣告

新裝束廣告

綢緞商店廣告

本商店是上海
最新式，
最完備，
最廉價，
的國貨綢緞商店

少女服裝

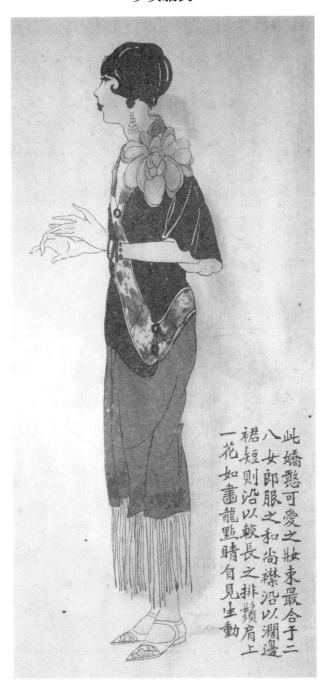

此嬌憨可愛之妝束最合于二
八女郎服之和尚襟沿以闌邊
裙短則沿以較長之排鬚肩上
一花如畫龍點睛自見生動

喬其紗做的袖子

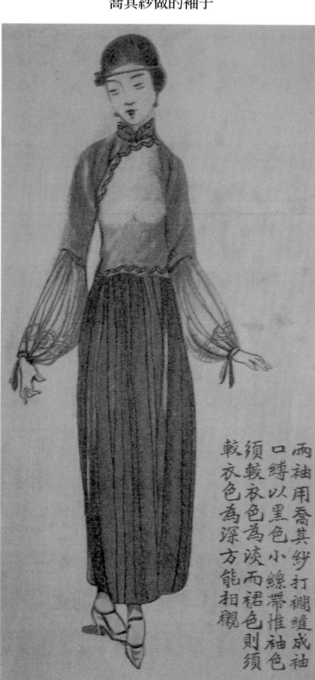

兩袖用喬其紗打襉縫成袖
口縛以黑色小綫帶惟袖色
須較衣色為淡而裙色則須
較衣色為深方能相襯

下擺有流蘇的裙子

以香妃絹製作的衣裙

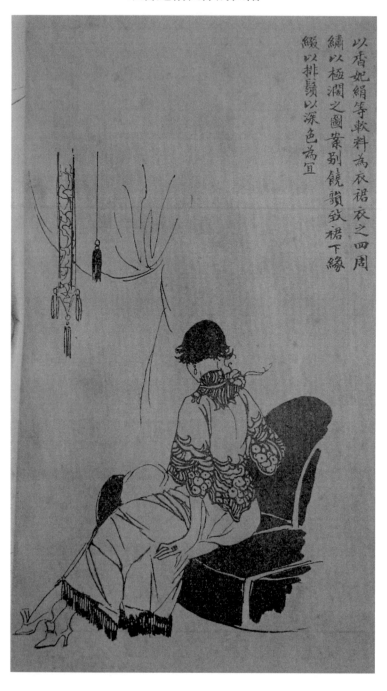

以香妃絹等軟料為衣裙衣之四周
繡以極潤之圖案別饒韻致裙下緣
綴以排鬚以深色為宜

居家寬鬆衣服

此衣完全以不整齊
之美為美用箔灰印
之綢製裙素色軟料
為結花落不左肩沿
度綢項間圍以綢帶
作為結花不左肩沿裙以之長
短繡之差排鬚再以黑色
之花隨意綴於鑲邊

上用披肩下用繡花的衣服

此衣為麗堂皇奪目可觀肩上
披肩與衣合做而成惟沿以與下
緣同樣之花邊再綴以流蘇裙下
花邊最好以繡出之

窄袖長裙

此衣用軟綢為
衣料四周用同
料摺襉代花邊
再以新式小水
袖式袖頭
鑲在衣角
沿成圖案剔窄
袖長裙自覺苗
條可愛矣

格子大衣

此為初冬之外衣以淡色有格之薄呢作料領袖下緣統加以黑絨毧或獺皮等類呢料宜薄不使有臃腫之狀

喬其紗袖口的旗袍

旗衫袖口用喬其紗製成領亦如之肩上綴以淺色之綢花此服裝新秋服之殊有衭生涼之概

室內衣服

豆子塊之衣
邊宜用紅色
其黑色相間
衣裙可用稍
淡之銀光錦
或愛華綢等
裙上繡以粗
華之圖案可觀花
殊別織花

冬季大衣

此為嚴冬時
所御之外衣
用深色緞作
衣料袖大四
周緣以長毛
之白狐皮殊
有雍容華貴
之象

九華綢緞商店

戴禮帽的女子

中式婚禮

美麗牌香煙廣告

秋裝廣告

車廂裏穿裘皮大衣的美女（建英畫）

男女服裝繪畫（建英畫）

打高爾夫球的時髦女子（建英畫）

旗袍下擺高度的變化

彈琵琶（月份牌）

摺扇女（月份牌）

家長與孩子（月份牌）